実践！

PowerPoint2021
ビジネス活用ドリル

実習用
データ
ダウンロード

JN007655

日経BP

はじめに

本書は、企業などで実際に使われているビジネス文書の作成問題をPowerPoint 2021を使って解いていくことで、さまざまなビジネス文書の作成能力が身に付く問題集です。完成例はそのままテンプレートとしても利用可能です。

また、PowerPoint 2019はPowerPoint 2021と機能および操作方法にほとんど違いがないため、PowerPoint 2021で追加された新機能を除き、PowerPoint 2019を使ってほとんどの問題を解くことができます。

問題の種類

・問題は「基礎」と「応用」の2種類に分かれています。基礎問題では、入力例や完成例を参照しながら、手順に沿って問題を解いていきます。応用問題では、文章形式の問題から求められている指示を読み取り、必要な作業を自分で考えて問題を解いていきます。

・解答例は、模範解答です。作成した解答が解答例と異なっていても、問題の要求を満たしていれば「正解」です。

所要時間

・1問当たり15分〜 30分の実習を想定しています。

解答例の操作手順

・問題を解くうえでさまざまな操作法がある場合は、状況に合わせて効率的な方法を紹介しています。したがって、問題によっては異なった操作法を紹介している場合があります。

制作環境

本書は以下の環境で制作・検証しました。

■Windows 11（日本語版）をセットアップした状態。

※ほかのエディションやバージョンのWindowsでも、Office 2021が動作する環境であれば、ほぼ同じ操作で利用できます。

■Microsoft Office 2021（日本語デスクトップ版）をセットアップし、Microsoftアカウントでサインインした状態。マウスとキーボードを用いる環境（マウスモード）。

■画面の解像度を1280×768ピクセルに設定し、ウィンドウを全画面表示にした状態。

※環境によって、リボン内のボタンが誌面と異なる形状で表示される場合があります。

■［アカウント］画面で［Officeテーマ］を［白］に設定した状態。

■プリンターをセットアップした状態。

※ご使用のコンピューター、プリンター、セットアップなどの状態によって、画面の表示が本書と異なる場合があります。

表記

・メニュー、コマンド、ボタン、ダイアログボックスなどで画面に表示される文字は、角かっこ（［　］）で囲んで表記しています。ボタン名の表記がないボタンは、マウスでポイントすると表示されるポップヒントで表記しています。

・入力する文字は「」で囲んで表記しています。

・本書のキー表記は、どの機種にも対応する一般的なキー表記を採用しています。2つのキーの間にプラス記号（＋）がある場合は、それらのキーを同時に押すことを示しています。

実習用データ

実習のために必要なファイルを、以下の方法でダウンロードしてご利用ください。

ダウンロード方法

①以下のサイトにアクセスします。

　https://nkbp.jp/050604

② [実習用データのダウンロード] をクリックします。

③表示されたページにあるそれぞれのダウンロードのリンクをクリックして、適当なフォルダーにダウンロードします。ファイルのダウンロードには日経IDおよび日経BOOKプラスへの登録が必要になります（いずれも登録は無料）。

④ダウンロードしたzip形式の圧縮ファイルを展開すると [ビジネスドリル_PowerPoint2021] フォルダーが作成されます。

⑤ [ビジネスドリル_PowerPoint2021] フォルダーを [ドキュメント] フォルダーなどに移動します。

ダウンロードしたファイルを開くときの注意事項

・インターネット経由でダウンロードしたファイルを開く場合、「注意――インターネットから入手したファイルは、ウイルスに感染している可能性があります。編集する必要がなければ、保護ビューのままにしておくことをお勧めします。」というメッセージバーが表示されることがあります。その場合は、[編集を有効にする] をクリックして操作を進めてください。

・ダウンロードしたzipファイルを右クリックし、ショートカットメニューの [プロパティ] をクリックして、[全般] タブで [ブロックの解除] を行うと、上記のメッセージが表示されなくなります。

実習用データの内容

フォルダー名	フォルダー名	内容
[ビジネスドリル_PowerPoint2021]	[問題]	問題で使用するファイル（テンプレート、画像ファイルなど）
	[完成例]	模範解答例のファイル

ファイルの保存場所

・本文でファイルを開いたり保存したりするときは、具体的なフォルダーの場所を指示していません。実際に操作するときは、上記 [ビジネスドリル_PowerPoint2021] フォルダーまたはその内容の移動先を指定してください。

プレゼンテーション新規作成時の注意事項

本書では、新規プレゼンテーションを作成するとき、テーマを使用している問題があります。テーマは、使用しているPC環境やOfficeのバージョンなどによって表示されるものが異なる場合があります。新規作成時に表示される一覧に指定のテーマがない場合は、テーマ名でオンライン検索してください。Microsoftからオンライン提供されていない場合は、任意のテーマで実習してください。なお、本書では、特に指定がない場合、テーマ選択後に表示されるバリエーションを選択しないで作成しています。

おことわり

本書発行後（2024年2月以降）の機能やサービスの変更により、誌面の通りに表示されなかったり操作できなかったりすることがあります。その場合は適宜別の方法で操作してください。

目次

第 **1** 章

ポスター・掲示

第 1 章

ポスター・掲示

ポスターや掲示資料は、受け手の注意を引き、興味を持ってもらい、情報伝達するための文書です。社内外で業務上使用するほか、地域社会などさまざまな場面で作成します。フォントの大きさやデザインを工夫したり、伝えたいイメージに合わせてカラーを活用したり、イラスト・図・写真などビジュアル要素を盛り込みます。印刷して貼り出す他に、自動プレゼンテーションを使えば、スライドショーを自動実行してモニター掲示もできます。

Point 1 ポスターは情報量を絞って大胆に

ポスターは掲示して読んでもらう文書です。手元に配って読んでもらう場合と違って、掲示したときに読みやすいように、情報量を極力絞って、タイトルや重要なキーワードは大きな文字で書きます。特にタイトルは、大胆なデザインで目を引くとよいでしょう。文字の背景の色を設定したり、図を使ったり、文字の効果と体裁機能で、影・反射・光彩などを使って派手にする方法もあります。

問題1 **問題3〜7**

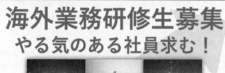

募集人数	上海　5名
研修期間	1年間（合格後3か月の準備期間あり）
応募条件	部門長の推薦を得ること、TOEIC600点以上の語学力があること
応募方法	応募用紙に必要事項を記入し、部門長の推薦状と論文を添えて提出

1/31応募締切　2月面接　3/1合格発表
お問合せ：　人事部　グローバル人材強化グループ　中村（内線2451）

本社地区の皆さまへ
社内英会話講座受講者募集

ビジネス英会話グループレッスン開催

募集人数	6名
期間	4か月（4〜7月）
授業回数	20回
費用	¥80,000（皆勤者は半額会社負担）
支払方法	夏季賞与より天引き
対象者目安	TOEIC　600点以上

希望者は教育部HPからお申込ください（先着順にて定員に達し次第締切）。

Point 2 イラストで変化をつける

情報伝達だけなら文字で十分ですが、イメージを伝えたり、雰囲気をやわらげたり、変化をつけたいときは、イラストを使ってもよいでしょう。人物や動物のキャラクターにセリフをいわせるのも、注意を引くテクニックのひとつです。

問題3

PowerPointセミナーのご案内

▶ 10月15日　13:30〜17:30
▶ 本社5F会議室
▶ 内容
　▶ プレゼンの企画・設計
　▶ ビジュアルな資料作成
　　（カラー化・図解テクニック）
　▶ PowerPoint操作実習
▶ 持ち物　PC・筆記用具

好評につき追加開催です。
あなたも参加しませんか？

【お申込・お問合せ】
人材開発部教育企画チーム　担当：中野（内線201）／山本（内線203）

Point 3 自動プレゼンテーションでモニターに掲示する

ポスターや掲示資料は、紙に印刷して貼りだすだけでなく、スライドショーでモニターに表示して見てもらう方法もあります。自動プレゼンテーション機能を使えば、保存したタイミングでアニメーションを実行したり、スライドをめくったりしながら、繰り返し掲示できます。店舗での商品紹介や、病院などの待合室での情報提供など、さまざまなシーンで活用できます。

問題8

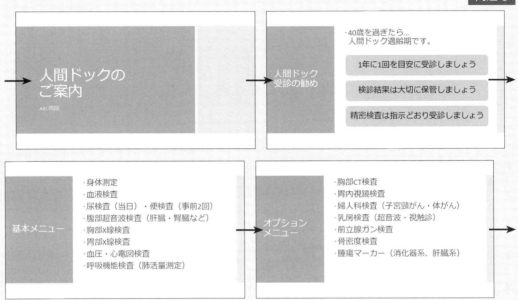

（最後までスライドショーを実行したら自動的に先頭へ戻って繰り返す）

Point 4 印刷するときは用紙サイズに注意する

A4やA3などA列の紙に印刷する場合は、スライドサイズを4:3で作成して、印刷時に［フルページサイズのスライド］で［用紙に合わせて拡大/縮小］をオンにすると、無駄な余白を少なくできます。

問題1　**問題3〜7**

掲示（本年度経営方針）

経営方針を社員に徹底するための掲示用資料を作成しましょう。

■入力例■

本年度経営方針

- 【ビジョン】
- 快適・便利・癒しの住環境提供
- 【スローガン】
- 【重点目標】
- 売上高1,000億円突破
- 新築物件100%完売

プレゼンテーションを新規作成しましょう。

1. スライドのレイアウトを［タイトルとコンテンツ］に変更しましょう。

2. スライドのサイズを［標準（4:3）］（最大化）にしましょう。

3. 入力例を参考に、文字列を入力しましょう。

4. 実習用データの「テンプレート_問題01」のPowerPointテンプレートを適用しましょう。

5. 「【ビジョン】」から「【重点目標】」までの4行の箇条書きを解除しましょう。

6. 「【スローガン】」の後ろに空行を2行追加しましょう。

7. 「快適・便利・癒し」のフォントの色を［濃い赤］にして、44ポイント、文字の影を設定しましょう。

8. 「1,000億円」と「100%」のフォントの色を［濃い赤］にして、文字の影を設定しましょう。

9. 完成例を参考に、次のワードアートを作成しましょう。
スタイル 　　　　　　［塗りつぶし:オレンジ、アクセントカラー2;輪郭:オレンジ、アクセントカラー2］
入力するテキスト 　　Customer First!
フォントサイズ 　　　88ポイント

10. ワードアートを「【スローガン】」の下に配置しましょう。

「問題01-2P」という名前で保存しましょう。

■完成例■

社内資格制度合格発表

社内資格制度の合格者を、表彰式で発表するプレゼンテーションを作成しましょう。

■ Word からの読み込み例（編集前）■

1

2
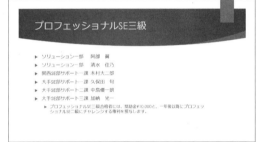

3

4

5

テーマ「イオン　ボードルーム」でプレゼンテーションを新規作成しましょう。

1. タイトルスライドを削除しましょう。

2. 実習用データのWordファイル「社内資格制度合格者リスト.docx」を読み込んでスライドを作成しましょう。
スライドの構成は、■Wordからの読み込み例（編集前）■を参考にしてください。

3. 1枚目のスライドのレイアウトを、[タイトルスライド]に変更して、タイトルの「社内資格制度」と「合格発表」の間で改行しましょう。

改行とは、段落を変えずに行を変えることです。段落を変えるのは段落改行です。改行はShift＋Enterキー、段落改行はEnterキーを押します。

4. 1枚目のスライドのサブタイトルに「いろはシステム株式会社」と入力して改行し、「技術本部」と入力しましょう。

5. スライドマスターを表示して、1枚目のサブタイトル、2 〜 4枚目のスライドの合格者の所属と氏名、5枚目の級の名前と合格率が、28ポイント、太字になるように設定しましょう。

6. 完成例を参考に、[スライドマスター] と [タイトルとコンテンツ] レイアウトで [マスターテキストの書式設定] のプレースホルダーの高さを下方向に拡張しましょう。

> プレースホルダーには、挿入する文字数が多いと自動的にフォントサイズを小さくして調整する機能があります。設定どおりのフォントサイズにするには、必要に応じて十分な大きさに拡張するとよいでしょう。

7. 5枚目のスライドに、画像ファイル「答案」を挿入し、完成例を参考に大きさを調整して右下に配置しましょう。

「問題02-2P」という名前で保存しましょう。

■完成例■

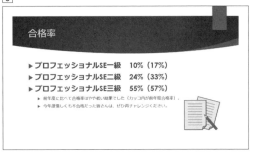

基礎	掲示（CS 行動指針）

問題 3

CS（顧客満足度）向上のための行動指針を徹底する貼紙を作成しましょう。

プレゼンテーションを新規作成しましょう。

1. スライドのレイアウトを［白紙］に変更しましょう。

2. スライドのサイズを［標準（4:3）］（最大化）にしましょう。

3. スライドの背景を［既定のグラデーション］の［薄いグラデーション−アクセント1］に設定しましょう。

4. 完成例を参考に、スライド上部に四角形を描いて、塗りつぶしの色を［青、アクセント1、黒＋基本色25%］、図形の効果を［標準スタイル4］に設定しましょう。

5. 完成例を参考に、四角形に文字列を入力しましょう。

6. 四角形に入力した文字列をHGP創英角ゴシックUBに変更して、「顧客満足度向上を目指して」を28ポイント、「CS行動指針」を54ポイントにしましょう。

7. 完成例を参考に、四角形のすぐ下に角丸四角形を描き、角の丸みを最大にして、次の書式を設定しましょう。

線の色	［テーマの色］の［青、アクセント1、黒＋基本色50%］
線の太さ	0.5ポイント
塗りつぶし	グラデーション［淡色のバリエーション］の［左方向］
効果	影の外側の［オフセット:右下］

8. 完成例を参考に、角丸四角形に文字列を入力し、キーワードと説明文の間にタブを入力して左揃えタブを設定しましょう。

キーワード	顧客第一
説明文	お客様の身になって行動する

9. キーワードの文字列をHGP創英角ゴシックUB、36ポイント、フォントの色を［濃い赤］に、説明文の文字列をHGP創英角ゴシックUB、28ポイント、フォントの色を［黒、テキスト1］に設定しましょう。

10. 角丸四角形の左側の余白を広げて、円を配置できるように文字列の位置を調整しましょう。

11. 円を描いて次の設定を行いましょう。

塗りつぶしの色	［青、アクセント1、白＋基本色40%］
枠線	［青、アクセント1、黒＋基本色50%］
線の太さ	0.5ポイント

12. 円の中に「1」と入力して、HGP創英角ゴシックUB、36ポイント、フォントの色を［黒、テキスト1］に設定しましょう。

13. 完成例を参考に、円を角丸四角形の左端に重ねるように配置し、角丸四角形の大きさに合うように、円の大きさを調整しましょう。

14. 完成例を参考に、**7**〜**13**で描いた角丸四角形と円をコピーして縦に3つ並べましょう。

15. 完成例を参考に、図形内の文字列を修正し、3つの説明文の位置が揃うようにタブ位置を調整しましょう。

「問題03-2P」という名前で保存しましょう。

■完成例■

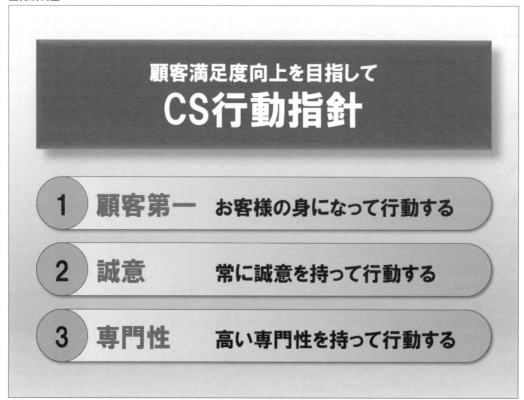

基 礎	告知（社内英会話講座のお知らせ）

問題 4　社内英会話スクールの開催を告知する貼紙を作成しましょう。

テーマ「レトロスペクト」でプレゼンテーションを新規作成しましょう。

1. スライドのサイズを［標準（4:3）］（最大化）にしましょう。

2. テーマのバリエーションの配色「デザート」を適用しましょう。

3. テーマのバリエーションのフォント「Franklin Gothic」を適用しましょう。

4. スライドのレイアウトを［タイトルのみ］に変更しましょう。

5. 完成例を参考に、タイトルを入力しましょう。

6. 角丸四角形を描いて、クイックスタイルの［パステル－オレンジ、アクセント2］を適用しましょう。

> スライドに適用したテーマに合わせた塗りつぶしの色で立体感のあるスタイルを簡単に設定するには、クイックスタイルが便利です。塗りつぶしの色は自分で任意に設定して、スタイルを標準スタイルから選んでも手早く編集することができます。

7. 完成例を参考に、角丸四角形に文字列を入力し、36ポイントに設定しましょう。

8. 6行2列の表を挿入し、必要に応じて表の位置や大きさ、列幅を調整しましょう。

9. 表のスタイルを［淡色スタイル1－アクセント1］、タイトル行をなしに設定しましょう。

> 表は、塗りつぶしの色、枠線などを個別に設定することもできますが、用意されている表のスタイルから選択して適用しても手早く編集することができます。表のスタイルは、初期設定ではタイトル行や1行ごとに背景色の違う縞模様のデザインが用意されていますが、［表ツール］の［デザイン］タブの［表スタイルのオプション］グループでも変更できます。

10. 完成例を参考に、表に文字列を入力し、24ポイントにしましょう。

11. テキストボックスを挿入して、完成例を参考に文字列を入力し、「教育部HP」と「先着順」は目立つように［濃い赤］にしましょう。

12. テキストボックスの塗りつぶしの色を［オレンジ、アクセント2、白＋基本色80％］に設定しましょう。

「問題04-2P」という名前で保存しましょう。

■完成例■

本社地区の皆さまへ
社内英会話講座受講者募集

ビジネス英会話グループレッスン開催

募集人数	6名
期間	4か月（4〜7月）
授業回数	20回
費用	¥80,000（皆勤者は半額会社負担）
支払方法	夏季賞与より天引き
対象者目安	TOEIC　600点以上

希望者は教育部HPからお申込ください（先着順にて定員に達し次第締切）。

応用 問題 5 掲示（上半期売上高一覧）

営業部員の上半期売上高を掲示する資料を作成しましょう。

目標達成者を讃えるとともに未達成者には奮起してもらうために、営業部員の上半期売上高を掲示することになりました。次の条件を満たすスライドを作成しましょう。

■次の項目は必ず盛り込みましょう。

・タイトル：上半期売上高一覧
・内　容：下記の情報を基に営業部員の上半期売上高グラフを作成する。

```
売上高（単位：万円）
 ・石井      8750
 ・橋本      7760
 ・池田      7650
 ・横山      5370
 ・中村      4040
 ・悠木      3380
```

・表紙は不要、1枚にまとめる。
・スライドのサイズを［標準（4:3）］（最大化）にする。
・背景デザインは自由に設定する。
・横棒グラフで売上高が高い順に上から表示する。
・データラベルを表示する。
・単位（万円）を記入する。
・目標値（6000万円）がはっきりわかるようにする。
・目標達成者に対して「目標達成おめでとうございます！」のコメントを記載する。

「問題05-2P」という名前で保存しましょう。

告知（セミナーのご案内）

応用問題 6

PowerPointセミナー開催を告知する資料を作成しましょう。

本社地区でPowerPointセミナーを開催することになり、参加者を募集します。社内の掲示板に掲示したり、部内で回覧するための資料を用意して告知する予定です。次の条件を満たすスライドを作成しましょう。

■次の項目は必ず盛り込みましょう。

・タイトル：PowerPointセミナーのご案内
・内　　容：下記の内容を整理して作成する。

> 開催要項は以下のとおり。
> 日時：10/15　13:30～17:30
> 場所：本社5F会議室
> 内容：プレゼンの企画・設計、ビジュアルな資料作成（カラー化・図解テクニック）
> 　　　PowerPoint操作実習
> 持ち物：PC、筆記用具
>
> このセミナーは好評につき追加開催となったセミナーである。今回も多くの社員に参加してもらいたいので、人物のイラストを使って参加を呼びかけるコメントを書き添える。
> 申込・問合せ先は、人材開発部教育企画チーム　担当：中野（内線201）/山本（内線203）である。

・表紙は不要、1枚にまとめる。
・スライドのサイズを［標準（4:3）］（最大化）にする。
・背景デザインは自由に設定する。
・イラストの画像ファイル「人物」を使って参加を呼びかけ、親近感を演出する。

「問題06-2P」という名前で保存しましょう。

応用問題 7 ポスター（海外業務研修生募集）

応用問題 7

社内に掲示する海外業務研修生募集のポスターを作成しましょう。

人事部では、社員のグローバル対応力強化を目指して、海外拠点に業務研修生を派遣することになりました。やる気のある若手社員の積極的な参加を促すために、社内に貼り出すためのポスターを用意します。次の条件を満たすポスターを作成しましょう。

■次の項目は必ず盛り込みましょう。

・レイアウト：白紙
・サ　イ　ズ：A4横に印刷して使用する。
・内　　　容：下記の内容を整理して作成する。

・人事部は、やる気のある社員の積極的な応募を促したいと考えている。
・募集人数は、上海5名。
・研修期間は、1年間（合格後3か月の準備期間あり）。
・応募条件は、部門長の推薦を得ること、TOEIC600点以上の語学力があること。
・応募方法は、応募用紙に必要事項を記入し、部門長の推薦状と論文を添えて提出する。
・応募締切は、1月31日。
・応募者に対して、2月に面接を行って、3月1日に合格発表する。
・問い合わせ先は、人事部 グローバル人材強化グループ中村（内線2451）とする。

・スライドのサイズを［標準（4:3）］（最大化）にする。
・「海外業務研修生募集」は目立つように大きな文字にする。
・文字はワードアートを使ってビジュアル化する。
・募集に関する詳細情報は近くで読めればよいので小さめの文字にする。
・スケジュール（1/31応募締切、2月面接、3/1合格発表）は目立つようにする。
・やる気のある社員の積極的な応募を推奨する明るい雰囲気にまとめる。
・写真を使って海外業務研修のイメージを演出する。
・写真は、画像ファイル「風景1」、「風景2」、「風景3」を使用する。

「問題07-2P」という名前で保存しましょう。

掲示（病院待合室ディスプレイ）

病院の待合室にあるディスプレイに繰り返し表示する人間ドック案内資料を作成しましょう。

ABC病院では、病気の早期発見・早期治療を目指して、人間ドックの案内資料を外来病棟の待合室にあるディスプレイに表示して、受診を呼び掛けることになりました。資料の目的は、人間ドックの受診を勧めることと、検査メニューの紹介です。次の条件を満たす自動プレゼンテーションを作成しましょう。

■次の項目は必ず盛り込みましょう。

・タ イ ト ル：人間ドックのご案内
・サブタイトル：ABC病院
・内　　　容：下記の内容を整理して作成する。

> 40歳を過ぎたら、人間ドック適齢期といえる。ぜひ受診を勧める。人間ドックに関するポイントは、何といっても定期的に受けることである。1年に1回は受診したほうがよい。検査結果は捨ててしまわずに大切に保管しよう。また、人間ドックを受診した結果、精密検査を勧められることがあるが、必ず指示どおりに検査を受けよう。
>
> ABC病院では、人間ドックのメニューが15種類ある。身体測定、血液検査、尿検査（当日）・便検査（事前2回）、腹部超音波検査（肝臓・腎臓など）、胸部X線検査、胸部CT検査*、胃部X線検査、胃内視鏡検査*、血圧・心電図検査、呼吸機能検査（肺活量測定）、婦人科検査*（子宮頸がん・体がん）、乳房検査*（超音波・視触診）、前立腺ガン検査*、骨密度検査*、腫瘍マーカー*（消化器系、肝臓系）である。このうち、*が付いているのはオプションメニューである。基本メニューに加えて、自分に必要な検査を追加して行うとよいだろう。詳しくは、窓口でパンフレットを用意しているのでそれを見てほしい。

・背景デザインは自由に設定する。
・患者が安心感を持ち、親しみを感じるように、暖かい印象の配色をする。
　（クリーム色、薄めのオレンジなどのやわらかい暖色系）
・検査メニューは分類し、箇条書きで整理する。
・チャートや箇条書きには任意のアニメーションを設定して目を引くようにする。
・画面切り替えにも動きを設定する。
・自動プレゼンテーションで繰り返し表示する。

「問題08-2P」という名前で保存しましょう。

第 2 章

パンフレット・説明

第2章

パンフレット・説明

パンフレットやリーフレット（ちらし）、説明資料の目的は、情報伝達です。受け手に理解してほしい情報を、正確、簡潔、わかりやすくまとめて記述します。受け手の立場で考えて、難しい文章表現がないかチェックして、文章だけでは伝わりにくいことは図解したり、見せられるものは写真や動画を使ったり、ビジュアルに伝える工夫もプラスします。特に、リーフレット（ちらし）は、ポスターや掲示資料と同様に、目を引く要素も必要です。レイアウトやデザインに変化をつけて、受け手にアピールします。

Point 1 直感的にわかるように図解する

文章で説明するだけではわかりにくい場合は、図解すると直感的に理解しやすくなります。図解するには、キーワードを抽出して、キーワード同士の関係を考えます。例えば、箇条書きのように並列なのか、順序や上下関係があるか、分類できるか、など考えてみると、どういう図にしたらよいかわかります。PowerPointで図を描くには、［挿入］タブの［図形］ボタンをクリックして表示されている多数の図形を自由に組み合わせて描く方法と、［挿入］タブの［SmartArt］ボタンをクリックして表示される各種のSmartArtグラフィックを使う方法があります。

問題 10〜16

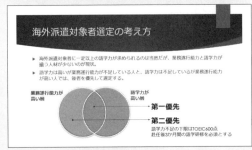

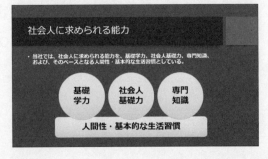

Point 2　細かい情報は箇条書きや表形式で整理する

説明資料は、細かい情報が必要な部分もあります。文章量が多い場合は、箇条書きにしたり、表形式で整理すると読みやすくなります。表形式は、数値でも文字情報でも使える整理方法です。罫線で区切ることで分類がわかりやすくなったり、比較しやすくなります。

問題 10〜12　　**問題 15**

問題 16

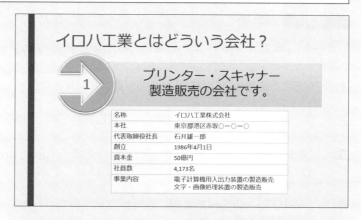

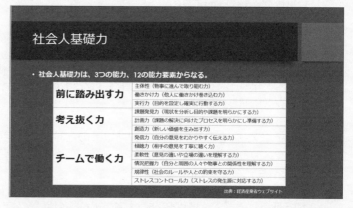

Point 3　レイアウトの工夫で情報を区切る

リーフレットは、1枚にさまざまな情報を盛り込みながら、受け手の目も引きたい資料です。線や枠で情報を区切ったり、見出しの大きさや色を変えたり、見出しにアイコン（伝えたい内容を絵のマークにしたもの）やイラストを使うなど、情報の区切りをはっきりさせて、リズミカルにレイアウトします。

問題 9　　**問題 17**

パンフレット（セミナー案内）

経営者向けセミナーの勧誘に使うパンフレットを作成しましょう。

テーマ「ギャラリー」でプレゼンテーションを新規作成しましょう。

1. スライドのサイズを［標準（4:3）］（最大化）にしましょう。

2. スライドのレイアウトを「白紙」にしましょう。

3. ワードアート［塗りつぶし:赤、アクセントカラー 1;影］で、「経営者向け」と入力して改行し、「企業価値向上セミナー」と入力しましょう。

4. ワードアートの全体を太字、1行目の「経営者向け」を36ポイントにして、完成例を参考に位置を調整しましょう。

5. ワードアートのすぐ下に、完成例を参考に直線を引きましょう。

6. 実習用データのWordファイル「セミナーパンフレット内容」を開いて、1 ～ 12行目（20××年～ 1234-5678）をコピーして、PowerPointプレゼンテーションのテキストボックスに貼り付けましょう。

7. **6**のテキストボックス内の文字列を以下のとおりに設定し、完成例を参考に、テキストボックスの位置を調整しましょう。

1 ～ 2行目	36ポイント
3 ～ 4行目	24ポイント
10行目	14ポイント、太字、フォントの色［赤、アクセント1］
11 ～ 12行目	14ポイント

8. Wordファイル「セミナーパンフレット内容」の14 ～ 27行目（EFG工業～最後まで）をコピーして、PowerPointプレゼンテーションのテキストボックスに貼り付けましょう。

9. **8**のテキストボックス内の文字列を以下のとおりに設定し、完成例を参考に、テキストボックスの位置や大きさを調整しましょう。

1、7、13行目（…に学ぶ）	20ポイント、太字
2、8、14行目（タイトル）	20ポイント、太字、フォントの色［赤、アクセント1］
上記以外のすべての行	14ポイント

10. 完成例を参考に円を3つ描いて、「事例1」、「事例2」、「事例3」と入力し、太字にしましょう。

11. 3つの円に、クイックスタイル［光沢－赤、アクセント1］を設定しましょう。

「問題09-2P」という名前で保存しましょう。

経営者向け
企業価値向上セミナー

20××年4月10日
10:00〜17:00
ブルーホテル東京ベイ
若葉の間にて

主催：ABC経営コンサルティング

参加費無料、事前登録制

お申込は下記担当営業までご連絡ください。
ABC経営コンサルティング株式会社
第一営業部　大場　03-1234-5678

事例1
EFG工業株式会社に学ぶ
事業構造転換　成功の秘訣
これまでのトレンドから抜け出し、事業構造転換によって企業再生に成功した事例を検証します。

事例2
いろは食品株式会社に学ぶ
コミュニケーション改革
ICT活用によって、社内のコミュニケーションスタイルを一新。社員の働き方を大きく変えた事例を検証します。

事例3
株式会社ABC化学に学ぶ
やる気を引き出す評価制度
受け身だった社員のモチベーションを上げて、自ら考え行動する人材へ変えた事例を検証します。

案内（研修のご案内）

新任マネジメント研修参加対象者に配布する研修の案内資料を作成しましょう。

テーマ「配当」でプレゼンテーションを作成しましょう。

1. テーマのバリエーションの配色「オレンジがかった赤」を適用しましょう。

2. テーマのバリエーションのフォント「Tw Cen MT」を適用しましょう。

3. 新しいスライドを2枚追加しましょう。

4. 完成例を参考に、1枚目のスライドにタイトルとサブタイトルを入力しましょう。

5. 完成例を参考に、2枚目のスライドにタイトルと箇条書きを入力し、必要に応じて箇条書きのレベルを変更しましょう。

6. 完成例を参考に、3枚目のスライドにタイトルと箇条書きを入力しましょう。

7. 3枚目のスライドのコンテンツプレースホルダーを箇条書きに合わせて縮小し、下に余白を用意しましょう。

8. 実習用データのファイル「教育施設のご案内」を開いて、2枚目のスライドのチャートの一部をコピーして、現在作成中のプレゼンテーションの3枚目のスライドに「図（Windowsメタファイル）」として貼り付けましょう。

9. 完成例を参考に、貼り付けたチャートの位置や大きさを調整しましょう。

10. 貼り付けたチャートのすぐ下にテキストボックスを挿入して、「詳細は、別途配布の「マネジメント基礎ブック」を参照ください。」と入力しましょう。

11. ファイル「教育施設のご案内」の5枚目のスライド「みなとみらい研修センター」を、現在作成中のプレゼンテーションの4枚目のスライドとしてコピーしましょう。

12. ファイル「教育施設のご案内」の3枚目のスライド「研修所ご利用ルール」を、現在作成中のプレゼンテーションの5枚目のスライドとしてコピーしましょう。

13. 完成例を参考に、ファイル「教育施設のご案内」の6枚目のスライド「研修所　主な備え付け品」のチャートやイラストを、現在作成中のプレゼンテーションの5枚目の右側あたりに、貼り付け先のテーマを適用して貼り付けて、位置を調整します。

「問題10-2P」という名前で保存しましょう。

■完成例■

1

2

新任マネジメント研修は、4月から課長に任用された社員を対象に開催する必須研修です。
下記のとおりご参加ください。

- 日程：5/10（10:00開始）～5/14（17:00終了）
- 場所：みなとみらい研修センター
- 服装：ビジネスカジュアル
- 事前課題：「マネジメント基礎ブック」予習
- 原則として欠席は認めません。
  やむを得ない理由で欠席する場合は、所属部門長から理由を明記のうえ人事部各殿にご連絡ください。

3

4

5

案内（新卒採用のご案内）

新卒採用の募集要項と、求める人材像を説明する資料を作成しましょう。

テーマ「ファセット」でプレゼンテーションを新規作成しましょう。

1. テーマのバリエーションの配色「暖かみのある青」を適用しましょう。

2. 新しいスライドを2枚追加しましょう。

3. スライドマスターを表示して、箇条書きのフォントサイズを全レベル28ポイントにしましょう。

4. 箇条書きの第2レベル～第5レベルまでの行頭文字を「塗りつぶし丸の行頭文字」にしましょう。

5. フッター、日付、スライド番号のフォントサイズを16ポイントに設定し、日付の枠の幅を広げましょう。

6. ［スライドマスター］と［タイトルスライド］レイアウトに、実習用データの画像ファイル「問題11_ロゴ」を挿入し、完成例を参考に左上に配置しましょう。

7. 日付と時刻、スライド番号、フッターを以下のとおり設定しましょう。
日付と時刻：自動的に今日の日付が入る
スライド番号：全ページに表示する
フッター：全ページに「©ABC Solutions All rights reserved.」と表示する

8. 完成例を参考に、1枚目のスライドにタイトルとサブタイトルを入力しましょう。

9. 完成例を参考に、2枚目のスライドにタイトルと文字列を入力し、箇条書きのレベルを変更しましょう。

10. 完成例を参考に、3枚目のスライドにタイトルと文字列を入力し、文字列に合わせてコンテンツプレースホルダーの高さを縮小しましょう。

11. 3枚目のスライドに「縦方向カーブ　リスト」のSmartArtを挿入し、完成例を参考に文字列を入力して、位置や大きさを調整しましょう。

12. SmartArtのスタイルを「光沢」にしましょう。

13. 完成例を参考に、テキストボックスを挿入して「1」と入力し、フォントサイズを32ポイントにしましょう。同様の操作で、「2」、「3」も入力しましょう。

14. 完成例を参考に、「1」、「2」、「3」と入力したテキストボックスを、SmartArtの3つの円の上にそれぞれ配置しましょう。

「問題11-2P」という名前で保存しましょう。

1

新卒採用のご案内
ABCソリューションズ株式会社

ABC Solutions

12/20/2020   1

2

募集要項

ABC Solutions

▶ 募集職種
- 総合職（営業、SE、技術）
- 専門職（法務、経理、知的財産）

▶ 選考スケジュール
- エントリーシート提出　6月末まで
- 選考期間　4〜10月頃

12/20/2020   2

3

求める人材像

ABC Solutions

▶ 以下の力を持って自ら行動する人を求めます。

1　前に踏み出す力

2　考え抜く力

3　チームで働く力

12/20/2020   3

12 説明（会社概要とビジョン）

社外向けに会社概要とビジョンを説明する資料を作成しましょう。

テーマ「トリミング」でプレゼンテーションを新規作成しましょう。

1. テーマのバリエーションの配色「青」を適用しましょう。

2. テーマのバリエーションのフォント「Calibri」を適用しましょう。

3. 新しいスライドを1枚追加して、レイアウトを[タイトルのみ]に変更し、さらに[タイトルのみ]のスライドを2枚追加しましょう。

4. スライドマスターを表示して、[タイトルスライド]レイアウトで、タイトルを48ポイントにし、タイトルとサブタイトルの文字の配置を上下中央にしましょう。

5. [スライドマスター]で、「マスタータイトルの書式設定」のプレースホルダーの高さを縮小しましょう。

6. 完成例を参考に、表紙のスライドにタイトルとサブタイトル（社名）、2～4枚目のスライドにタイトルを入力しましょう。

7. 2枚目のスライドに四角形を描いて、クイックスタイル[パステル－緑、アクセント5]を適用し、完成例を参考に文字列を入力して、36ポイントにしましょう。

8. 以下を参考に、円を描いて、それに重なるように矢印を描き、図形の結合機能を使って円から矢印部分を型抜きしましょう。

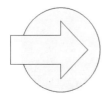

9. **8**で作成した図形の塗りつぶしの色を[緑－アクセント5]、図形の効果を[標準スタイル]の[標準スタイル1]に設定しましょう。

10. 完成例を参考に、**8**で作成した図形を四角形の左側に配置し、テキストボックスを挿入して「1」と入力して位置を調整しましょう。フォントサイズを44ポイント、フォントの色を[緑、アクセント5、黒+基本色50%]に設定しましょう。

11. **7**～**10**で描いた図形とテキストボックスをグループ化します。

12. **11**のグループをコピーして、完成例を参考に位置を調整し、文字列を修正しましょう。

13. **11**のグループをコピーして、3枚目のスライドに貼り付け、完成例を参考に位置を調整し、文字列を修正しましょう。

14. 3枚目に7行2列の表を挿入し、表のスタイルを[中間スタイル1－アクセント5]にしましょう。表スタイルのオプションは、縞模様（列）をオン、それ以外はオフにしましょう。

15. 完成例を参考に、表に文字列を入力し、必要に応じて表の大きさや列幅を調整しましょう。

16. 3枚目のスライドのグループ化した図形をコピーして、4枚目のスライドに貼り付け、完成例を参考に、文字列を修正しましょう。

17. 円を描いて、クイックスタイル［グラデーション－青、アクセント1］を適用し、完成例を参考に、円に文字列を入力しましょう。「お客様」のフォントサイズを36ポイントにしましょう。

18. 円の文字の配置を［上揃え］にしましょう。

19. 円を2つコピーして、完成例を参考に文字を修正しましょう。

20. 完成例を参考に、「お客様」「社会」「社員」のイメージに合ったアイコンを挿入し、ドラッグして位置を調整しましょう。アイコンの塗りつぶしの色を［白、背景1］にしましょう。

「問題12-2P」という名前で保存しましょう。

■完成例■

1
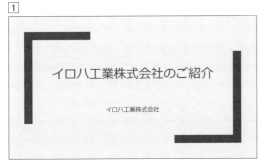

2
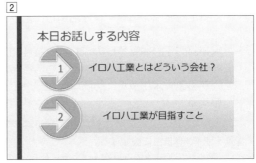

3
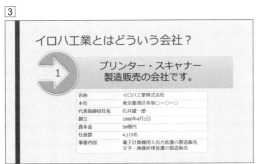

4

説明（営業支援システム説明会）

営業支援システム説明会で使用する資料を作成しましょう。

営業計画部システム運用チームでは、営業支援システムを構築しました。その内容を営業部メンバーに説明するために、概要をまとめた説明資料を作成することになりました。次の条件を満たすスライドを作成しましょう。

■次の項目は必ず盛り込みましょう。

・タ イ ト ル：営業支援システム説明会
・サブタイトル：営業計画部システム運用チーム
・内　　　容：下記の内容を整理して作成する。

> 営業部門に理解してもらいたいことは、大きく分けて2つある。システムが提供する情報には何があるのかと、営業部門での情報登録の流れである。
>
> システムが提供する情報は、すべてお客様に関わる情報である。企業基本情報、案件履歴、営業訪問履歴、導入機器一覧、修理履歴、問合せ履歴、担当窓口情報、以上7種類の情報を一元管理する。このうち、営業部門で登録する情報は、案件履歴、営業訪問履歴である。それ以外は営業計画部が整備する。営業部メンバーには、一元管理されたお客様の情報を有効活用し、営業活動を効果的に進めるように呼びかけたい。
>
> 営業部門での情報登録の流れは、案件開始登録→訪問履歴登録→上長コメント登録→案件終了登録、となっている。もちろん、案件開始から案件終了までの間に複数回訪問するケースが多く、訪問履歴登録→上長コメント登録は訪問するたびに繰り返し実施する。

・背景デザインは自由に設定する。
・ビジュアル化の工夫をする（図解、カラー化など）。

「問題13-2P」という名前で保存しましょう。

説明（海外派遣対象者選定の考え方）

応用
問題
14

海外派遣対象者選定の考え方の概要を説明する資料を作成しましょう。

人事部では、海外拠点の増加に伴い、日本から海外拠点立上げのために派遣する社員を選出することになりました。次週、候補者リストを精査して海外派遣対象者を選出する会議が予定されていますが、会議に先立ち、選定の考え方を整理することにしました。次の条件を満たすスライドを作成しましょう。

■部長からの指示

・表紙は不要。
・1枚のスライドにまとめる。スライドのタイトルは「海外派遣対象者選定の考え方」とする。
・内容は次の情報を基にまとめる。

> 海外派遣対象者の選定にあたっては、優秀な人材の選定が求められている。
> 理想としては、業務遂行能力が高く、語学力も高い人を選定したい。そこで、人事部では、業務遂行能力が高い層と、語学力が高い層をそれぞれリストアップし、第一優先としては両方を兼ね備えた人材を選ぼうとしている。
> ところが、残念ながら弊社の現状では、業務遂行能力と語学力が揃う人材が少ない。業務遂行能力が高くても英語は苦手という人もいれば、英語は堪能だが業務遂行能力はまだまだ一人前とは言えない人もいる。
> そこで、両方兼ね備えた人材だけでは必要人数に満たない場合、第二優先として、語学力は不足するが業務遂行能力が高い人を選ぶことにする。
> 海外で働くために一定以上の語学力が求められるのは当然だが、そもそも業務遂行能力が不足しているようでは役に立たないので、語学力は高いが業務遂行能力が不足している人は選定しない。
> 語学力は不足するが業務遂行能力が高い人は、本人にその気があれば、語学力は現地で身に付けることもできる。ただし、あまりにも語学力が不足していると難しいので、その下限はTOEIC600点とし、赴任後3か月間の語学研修を必須とする条件を付ける。

・背景デザインは自由に設定する。
・業務遂行能力が高い層、語学力が高い層、その両方に属する層の関係がわかるように、ビジュアル化の工夫をする。

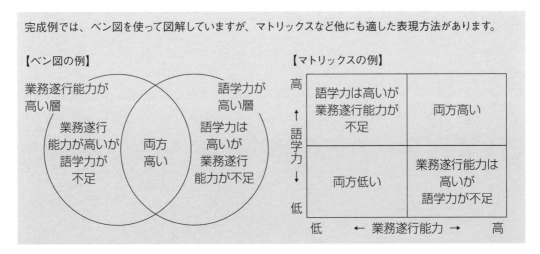

完成例では、ベン図を使って図解していますが、マトリックスなど他にも適した表現方法があります。

「問題14-2P」という名前で保存しましょう。

説明（新入社員教育補足資料）

新入社員教育の考え方を社内に説明する補足資料を作成しましょう。

教育部では、新入社員教育の考え方として、経済産業省が定義する「社会人基礎力」を取り入れることになりました。社内では「社会人基礎力」について知識がない人もいるので、概要を説明する補足資料を用意することになりました。次の条件を満たすスライドを作成しましょう。

■次の項目は必ず盛り込みましょう。

・タ イ ト ル：社会人基礎力とは
・サブタイトル：新入社員教育補足資料
・内　　　　容：下記の内容を整理して作成する。

当社では、社会人に求められる能力を、基礎学力、社会人基礎力、専門知識、および、そのベースとなる人間性・基本的な生活習慣としている。

社会人基礎力は3つの能力、12の能力要素からなる。
3つの能力とは、前に踏み出す力、考え抜く力、チームで働く力である。
前に踏み出す力は、主体性（物事に進んで取り組む力）、働きかけ力（他人に働きかけ巻き込む力）、実行力（目的を設定し確実に行動する力）の3つの能力要素からなる。
考え抜く力は、課題発見力（現状を分析し目的や課題を明らかにする力）、計画力（課題の解決に向けたプロセスを明らかにし準備する力）、創造力（新しい価値を生み出す力）の3つの能力要素からなる。
チームで働く力は、発信力（自分の意見をわかりやすく伝える力）、傾聴力（相手の意見を丁寧に聴く力）、柔軟性（意見の違いや立場の違いを理解する力）、情況把握力（自分と周囲の人々や物事との関係性を理解する力）、規律性（社会のルールや人との約束を守る力）、ストレスコントロール力（ストレスの発生源に対応する力）の6つの能力要素からなる。
なお、この社会人基礎力に関する情報の出典は経済産業省ウェブサイトである。

・背景デザインは自由に設定する。
・スライドは表紙を含め3枚にまとめる。
・構造がわかりやすいようにビジュアル化の工夫をする（チャート、表など）

「問題15-2P」という名前で保存しましょう。

説明（PC 推奨設定操作説明書）

応用問題 16

PC 推奨設定の操作手順を説明する資料を作成しましょう。

情報システム部では、社内で使用するPCについてスクリーンセーバーの設定と節電の設定を推奨しています。設定方法がわからない社員のために、操作説明書を作成してPDF形式で社内HPにアップすることにしました。次の条件を満たすスライドを作成し、PDF形式で保存しましょう。

■次の項目は必ず盛り込みましょう。

・タ イ ト ル：PC推奨設定操作説明書
・サブタイトル：情報システム部
・内　　　　容：下記の内容を整理して作成する。

> 情報システム部では、PC推奨設定を定めている。PC推奨設定とは、スクリーンセーバーの設定と、節電の設定である。未設定の方は、操作手順に従って設定してほしい。
>
> ・スクリーンセーバーの設定
> 　デスクトップ上でマウスの右ボタンをクリックして［個人用設定］をクリックし、［スクリーンセーバー］をクリックする。スクリーンセーバーの種類は何でも構わないが、待ち時間を10分以下、［再開時にログオン画面に戻る］チェックボックスをオンにすること。
>
> ・省電力の設定
> 　スクリーンセーバーの設定に続けて、［画面タイムアウト設定］をクリックして、［画面とスリープ］でバッテリー駆動時は、①2分経過でディスプレイ電源を切る、②5分経過でPCをスリープ状態にする、と設定すること。
>
> なお、上記の操作手順は、ご使用のPC環境によって異なります。ご使用のPC環境での設定方法で資料を作成してください。

・日付はPowerPointプレゼンテーション、PDF、両方とも不要。
・背景デザインは自由に設定する。
・操作がわかりやすいように実際の画面を貼り付けて説明する。
・手順は箇条書きで整理して書く。
・設定画面のなかで、重要な項目は目立つように強調する。
・必ず設定するように呼びかけるコメントを入れる。

「問題16-2P」という名前で保存してから、さらに同じ名前で2スライド/枚の配布資料にしてPDF形式で保存しましょう。

パンフレット (Consulting Salon)

新しいサービスの開始をお客様に紹介するパンフレットを作成しましょう。

いろは銀行では、4月から新しいサービスとしてConsulting Salonを開始することになりました。そこで、その内容をお客様に紹介するパンフレットを用意します。パンフレットに記載する内容を文章でまとめたものがあるので、それを使ってビジュアルなパンフレットを作成するように指示されました。次の条件を満たすスライドを作成しましょう。

■次の項目は必ず盛り込みましょう。

・タイトル：Consulting Salon
・内　　容：Wordファイル「パンフレット内容案」をパンフレットに仕立てる。
・背景デザインは「テンプレート_問題17」を使用する。
・配布して読んでもらうので、文字は10〜12ポイントを中心にする。
・スライドのサイズを［標準（4:3）］（最大化）にする。
・補足事項は9ポイント以下でもよい。
・ビジュアル化の工夫をする（チャート化、イラスト・写真活用など）。
・レイアウトは自由だが、用意されている文章はすべて盛り込む。

「問題17-2P」という名前で保存しましょう。

第 **3** 章

報告

第**3**章

報告

報告書の目的は、情報伝達です。受け手にとって必要な情報を、具体的なデータによる裏付けとともに伝えます。報告でもっとも重要なのは事実を正確に伝えることですが、その事実から何が読み取れるのか、その事実に基づいて今後どうしたいのか、考察や次のアクションにつなげる提案を加えることで、受け手にとって有効な情報になります。報告書の形式は、組織によって定型フォームがある場合と、ない場合があります。定期的に同じ目的で行う報告は、定型フォームを用意したほうが効率的です。

Point 1 事実をデータで示す

報告に納得してもらうには、事実をデータで示します。その事実の信ぴょう性・客観性を感じてもらうには、信用できるデータを使い、出所も明記しましょう。

数値データから読み取れることをアピールするには、グラフを使います。

数量を比較するなら棒グラフ、数量の推移を表すなら折れ線グラフ、比率を表すなら円グラフが基本です。

問題 18 〜 20

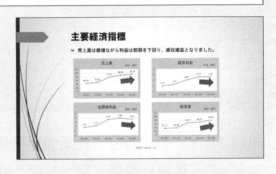

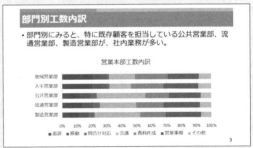

Point 2 改善は Before/After を明確にする

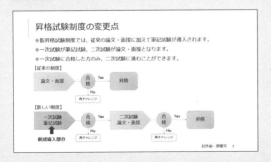

仕事のやり方（プロセス）やしくみを変えるなど、何らかの改善・改革の結果を報告するなら、Before/Afterを明確にして比較説明します。何が変わったのか、一目でわかるように図にするなど、工夫します。

問題 22

Point 3 定期的な報告書はテンプレートを作成する

日報、週報、月報のように、定期的に同じ目的で行われる報告は、報告する項目を決めて、フォームを用意したほうが効率的です。PowerPointのテンプレート機能を使えば、デザイン・レイアウトはもちろん、スライドのタイトルや枚数など、決められたとおりのフォームを保存できます。テンプレートを使用するには、テンプレートファイル（拡張子.potx）をダブルクリックして開くか、PowerPointを起動して［デザイン］タブの［テーマ］の［その他］ボタンをクリックし、［テーマの参照］をクリックして［テーマまたはテーマドキュメントの選択］ダイアログボックスで指定します。

問題 21

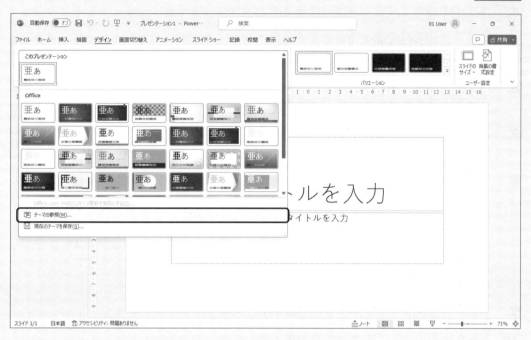

報告（社員満足度調査）

社員の意識調査の結果を報告する資料を作成しましょう。

プレゼンテーションを新規作成しましょう。

1. 「テンプレート_問題18」のPowerPointテンプレートを適用しましょう。

2. 新しいスライドを2枚追加しましょう。

3. 2枚目のスライドのレイアウトを［タイトルのみ］に変更しましょう。

4. 完成例を参考に、1～3枚目のスライドに文字列を入力しましょう。

5. 2枚目のスライドに角丸四角形を3つ描き、塗りつぶしの色を［緑、アクセント6、白+基本色60%]、図形の効果を［標準スタイル1］に設定しましょう。

6. 完成例を参考に角丸四角形に文字列を入力し、36ポイント、フォントの色を［黒、テキスト1］に設定しましょう。

7. 3枚目のスライドのコンテンツプレースホルダーを縮小し、コンテンツプレースホルダーの下に余白を作成しましょう。

8. 100%積み上げ横棒グラフを挿入し、自動的に起動する［Microsoft PowerPoint内のグラフ］ウインドウに以下のデータを入力してグラフを作成しましょう。

	経営層への信頼	ビジョンの妥当性	戦略の妥当性
大いに感じる	10	50	10
まあ感じる	22	45	20
あまり感じない	40	3	45
ほとんど感じない	28	2	25

9. 完成例を参考に、グラフの行/列を切り替えましょう。

10. 作成したグラフを以下のとおりに編集しましょう。
位置・大きさ　　　　スライドの余白に合わせて移動し、大きさを調整
クイックレイアウト　［レイアウト3］
グラフの色　　　　　［モノクロ］の［モノクロパレット6］

11. グラフタイトルに「経営に対する満足度結果」と入力し、完成例を参考に、テキストボックスを挿入して「n=100」と入力して、フォントサイズを18ポイントにしましょう。

12. 3枚目のスライドを2枚コピーして4枚目、5枚目のスライドを作成しましょう。

13. 完成例を参考に、4枚目のスライドのタイトルと文字列を修正しましょう。

14. 4枚目のスライドのグラフのデータを編集して、以下のとおりに入力しましょう。

	権限の妥当性	評価の妥当性	仕事のやりがい
大いに感じる	30	10	38
まあ感じる	55	38	40
あまり感じない	10	30	12
ほとんど感じない	5	22	10

15. 完成例を参考に、4枚目のスライドのグラフタイトルを修正しましょう。

16. 完成例を参考に、5枚目のスライドのタイトルと文字列を修正しましょう。

17. 5枚目のスライドのグラフのデータを編集して、以下のとおりに入力しましょう。

	オフィス環境	上司との関係	同僚との関係
大変満足	25	20	40
まあ満足	65	65	53
やや不満	8	12	5
大変不満	2	3	2

18. 完成例を参考に、5枚目のスライドのグラフタイトルを修正しましょう。

19. 完成例を参考に、3〜4枚目のグラフの注目してほしい部分に両矢印を描いて、線の色を［濃い赤］、線の太さを［6pt］に設定しましょう。

「問題18-2P」という名前で保存しましょう。

■完成例■

1
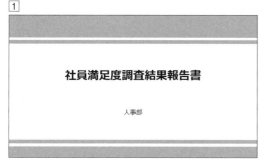

2
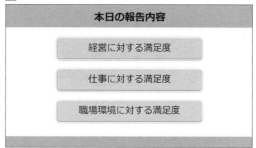

3
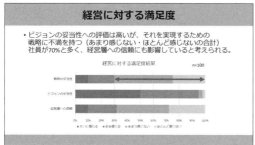

4
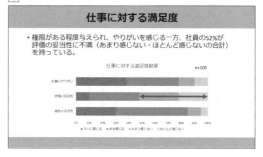

5
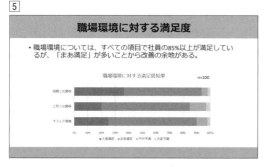

報告（第14期活動報告書）

投資家向けに今期の主要財務データを報告する資料を作成しましょう。

テーマ「ウィスプ」でプレゼンテーションを新規作成しましょう。

1. テーマのバリエーションの配色「紫」を適用しましょう。

2. テーマのバリエーションのフォント「Franklin Gothic」を適用しましょう。

3. スライドマスターを表示して、「マスタータイトルの書式設定」のプレースホルダーの高さを縮小して位置を上に移動しましょう。

4. 「マスターテキストの書式設定」のプレースホルダーの高さを拡張しましょう。

5. フッターに「©ABC Foods Co., Ltd.」と入力し、中央揃えにしましょう。

6. ［タイトルスライド］レイアウトを表示して、タイトルを44ポイントに設定しましょう。

7. 「マスタータイトルの書式設定」のプレースホルダーの高さを縮小して位置を上に移動し、サブタイトルとの間に余裕を持たせましょう。

8. ［タイトルとコンテンツ］レイアウトを表示して、「マスタータイトルの書式設定」のプレースホルダーの高さを縮小して位置を上に移動し、「マスターテキストの書式設定」のプレースホルダーの高さを拡張しましょう。

9. 新しいスライドを2枚追加しましょう。

10. 完成例を参考に、1～3枚目のスライドに文字列を入力しましょう。

11. 2枚目のスライドのコンテンツプレースホルダーの高さを縮小し、プレースホルダーの下に余白を作成して、ファイル「主要経営指標グラフ」の4つのグラフを「図」として貼り付けましょう。

12. 完成例を参考に、右矢印を描いてグラフの上に配置しましょう。グラフの傾向に合わせて角度を変更し、上昇傾向は［青］で枠線なし、下降傾向は［濃い赤］で枠線なしに設定しましょう。

13. 3枚目のスライドのコンテンツプレースホルダーの高さを縮小して下に余白を用意し、ファイル「分野別売上高推移グラフ」のグラフを「図」として貼り付けましょう。

14. 四角形を描いて次の設定を行い、下方向に2つコピーして3つにしましょう。
塗りつぶしの色	［白、背景1］
枠線	［白、背景1、黒＋基本色50％］
線の太さ	0.5ポイント
図形の効果	影の外側の［オフセット:右下］

15. 完成例を参考に、四角形に文字列を入力しましょう。2行目を24ポイント、3行目以降を12ポイントに設定しましょう。フォントの色は［黒、テキスト1］にして、2行目はフォントの色を［濃い赤］に変更しましょう。

「問題19-2P」という名前で保存しましょう。

■完成例■

報告（営業部工数調査結果）

営業部の工数調査結果を報告する資料を作成しましょう。

プレゼンテーションを新規作成しましょう。

1. 「テンプレート_問題20」のPowerPointテンプレートを適用しましょう。

2. 新しいスライドを5枚追加しましょう。

3. 完成例を参考に、1 ～ 6枚目のスライドに文字列を入力しましょう。

4. 3枚目のスライドのコンテンツプレースホルダーの高さを縮小し、コンテンツプレースホルダーの下に余白を作成しましょう。

5. 100%積み上げ横棒グラフを挿入し、自動的に起動する [Microsoft PowerPoint内のグラフ] ウインドウに以下のデータを入力してグラフを作成しましょう。

	面談	移動	問合せ対応	会議	資料作成	営業事務	その他
工数	10024	5251	2224	16240	12451	15024	5124

6. 作成したグラフを以下のとおりに編集しましょう。

位置・大きさ	スライドの余白に合わせて移動し、大きさを調整
クイックレイアウト	[レイアウト3]
グラフタイトル	営業本部工数内訳
フォントサイズ	グラフタイトル24ポイント、それ以外18ポイント

7. グラフの色を [モノクロ] の [モノクロパレット1] に設定してから、社内業務である系列「会議」の塗りつぶしの色を [オレンジ、アクセント2、白＋基本色40%]、系列「資料作成」を [オレンジ、アクセント2]、系列「営業事務」を [オレンジ、アクセント2、黒＋基本色25%] に、系列「その他」を [白、背景1、黒＋基本色25%] 変更しましょう。

8. 完成例を参考に、左右矢印を描いて、その下にテキストボックスを挿入し、「お客様のために使った時間」と入力して14ポイントにしましょう。

このグラフでは、大きく分けると「社外」での工数と「社内」での工数に分かれます。その割合がどの程度か、一目瞭然になるようにするには、この例のように全体を大きく2色に分けるとともに、注目したい点に補足を書き込むとよいでしょう。

9. 4枚目のスライドのコンテンツプレースホルダーの高さを縮小し、コンテンツプレースホルダーの下に余白を作成しましょう。

10. 3枚目のスライドのグラフをコピーして、4枚目のスライドに貼り付けて大きさを調整しましょう。

11. 4枚目に貼り付けたグラフのデータを以下のとおりに編集しましょう。

	面談	移動	問合せ対応	会議	資料作成	営業事務	その他
製造営業部	1605	1003	584	4502	2507	3467	1025
流通営業部	1734	1024	598	3211	2406	3205	1024
公共営業部	1688	1051	601	4676	2282	3048	1033
大手営業部	2453	1134	230	1751	2632	2780	1054
地域営業部	2544	1039	211	2100	2624	2524	988

12. 6枚目のスライドにSmartArtを使って組織図を作成し、完成例を参考に必要な数だけ四角形を追加して、文字列を入力しましょう。

13. 組織図のSmartArtのスタイルを「光沢」に変更して、すべての文字列を太字にしましょう。

14. スライド番号を挿入して、表紙には表示せず、2枚目のスライド番号が「1」になるように設定しましょう。

「問題20-2P」という名前で保存しましょう。

■完成例■

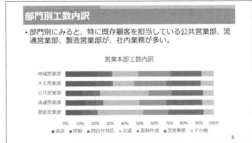

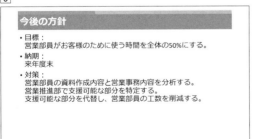

テンプレート（月度報告書）

営業本部で使用する月度報告書用テンプレートを作成しましょう。

営業本部では、各営業部の部長による月報会を行っています。このたび、月報会用のフォームを統一することになりました。次の条件を満たすテンプレートを作成しましょう。

■次の項目は必ず盛り込みましょう。

- ・タ イ ト ル：○月度報告書（月によって書き換えるように○月度としておく）
- ・サブタイトル：営業本部　○○営業部（部門で書き換えるように○○営業部としておく）
- ・フ ッ タ ー：全ページに「©Iroha Learning Co., Ltd. All rights reserved.」と表示する。
- ・スライド番号：表示する（ただし表紙は不要。2枚目を「1」にする）。
- ・ロ　　　　ゴ：全ページに表示する。
- ・スライド構成：表紙、実績概況、案件進捗状況、課題・対策　全4ページ

■次のデザイン要望を盛り込みましょう。

- ・広報宣伝部からの指示により、ロゴは幅5cmにすること。
- ・社内文書なので背景デザインは派手すぎないようにする。コーポレートカラーはロゴで使用している青と緑なので、この2色を基調にさわやかなデザインを考えてほしい。
- ・内容を書くスペースを広く確保したいので、表紙・2ページ目以降ともにタイトルの文字は36ポイント、2ページ目以降はタイトルの位置をスライド上部へ寄せてほしい。
- ・小さい文字（9ポイント程度）で構わないので、文書の取扱いなどに関する表示を全ページにしてほしい。記載内容は以下のとおり。

> 社外秘
> 保存期限：5年間
> 作成責任部門：営業本部○○営業部
> 作成日：YYYY/MM/DD

- ・2ページ目以降のレイアウトは、文章を書いたり表やグラフを入れたり、部門によって違うので、[タイトルとコンテンツ]にしておいてほしい。

「問題21-2P」という名前でPowerPointテンプレートとして保存しましょう。

報告（昇格試験制度）

昇格試験制度の変更を報告するプレゼンテーション資料を作成しましょう。

人事部では、昇格試験制度を変更することになりました。新しい昇格試験制度開始について報告する資料を作成し、役員会でプレゼンテーションを行います。次の条件を満たすスライドを作成しましょう。

■次の項目は必ず盛り込みましょう。

・タ イ ト ル：新昇格試験制度開始報告書
・サブタイトル：人事部
・フ ッ タ ー：社外秘・禁複写
・スライド番号：表示する（ただし表紙は不要。2枚目を「1」にする）。
・日　　　付：不要
・内　　　容：本日の報告内容、昇格試験制度の変更点、係長昇格試験、課長昇格試験

> 本日の報告内容は、昨年7月度の役員会で承認され、8か月かけて準備を進めてきた新昇格試験制度を4月度より導入することである。導入にあたって、新昇格試験制度概要を説明する。
> 新昇格試験制度の変更点は、これまでの論文・面接に加えて、一次試験として筆記試験を導入したことである。論文・面接は二次試験という位置付けになる。一次試験に合格した人のみ、二次試験に進むことができる。
> 筆記試験の内容は、以下のとおりである。
> 　　係長昇格試験：TOEIC、ビジネス基礎（戦略、マーケティング）
> 　　課長昇格試験：TOEIC、ビジネス基礎（戦略、マーケティング、組織、財務）
>
> 筆記試験に備えて自主学習を希望する社員は、原則として市販の本を必要に応じて購入することを勧めるが、以下の教材は人事部のHPからダウンロードできる。
> 　　係長昇格試験：「戦略論」、「マーケティング入門」
> 　　課長昇格試験：「戦略論」、「マーケティング入門」、「組織マネジメント」、「経営と財務」
>
> 一次試験の合格基準は以下のとおりである。
> 　　係長昇格試験：TOEIC/ビジネス基礎の両方とも500点以上
> 　　課長昇格試験：TOEIC/ビジネス基礎の両方とも600点以上
>
> 論文テーマは係長・課長とも共通で「自社の発展のために自ら取り組む改革」である。
> 面接は論文内容に基づいて行う。
> なお、途中で不合格となった方は、来年度以降の試験で再チャレンジできる。

・制度の変更点は、図解やカラー化などの工夫をしてポイントを強調する。

「問題22-2P」という名前で保存しましょう。

23 報告（トラブル報告書）

部下が作成した報告書に対して修正ポイントを指導しましょう。

あなたは、部下からトラブル報告書を受け取りました。内容を見ると、記述内容が不十分な部分があるので、修正ポイントを説明して書き直しを指示しようと思っています。部下とスケジュールが合わず、今月中に会えないようなので、PowerPointにコメントを追加して送ることにしました。次のとおり、コメントを挿入しましょう。

■次の項目は必ず盛り込みましょう。

・タイトル：トラブル報告書
・内　　容：スライドの説明内容は変更しない。部下に指示したいことをコメントで追加する。

> 部下に修正を指示したいことは、以下のとおりです。
>
> 顧客名について
> お客様の担当者氏名、役職も明記すること。
>
> トラブル内容について
> 必要な情報に絞って、簡潔かつ具体的に書くこと。
> お客様の操作ミスとは具体的にどういうことですか？
> これまで何度も同じ操作ミスがあったなら、二度と起きないようにするには、何か有効な対策はありませんか？
>
> 残された課題について
> サーバーラックの破損状況は撮影してきましたか？
> 写真を2ページ目に添付して、修理センターに相談して対応してください。

「問題23-2P」という名前で保存しましょう。

第4章

企画・提案

第**4**章

企画・提案

業務において、何らかのアイデアを実行に移すために、その内容をわかりやすくまとめた資料が企画書、何かを関係者に提案する資料が提案書です。いずれも、受け手に情報伝達し、内容を理解、納得してもらったうえで、何らかの行動を起こしてもらうことを目的としています。ロジカルでわかりやすいメッセージ構造でストーリーを組み立て、正確・簡潔・わかりやすい文章で書くとともに、印象深く直感的にわかるようなビジュアル表現も活用しましょう。スライドショーを実行して企画・提案を説明する場合は、ストーリーの流れを強調するためにアニメーションや画面切り替えの活用も有効です。

Point 1 What・Why・How を伝える

企画書・提案書に盛り込むポイントは、「What−その企画・提案は何なのか」、「Why−なぜ必要なのか」、「How−どうやって実現するのか」です。特に重要なのはWhyです。すばらしい企画・提案でも、受け手にとって必要性・重要性が感じられなければ、採用されません。受け手にとってのWhyを納得してもらえるかが採用を左右します。

What	この企画・提案はどういうものなのか？
コンセプト：	一言でいうと何なのか、概念や目的
実現イメージ：	この企画・提案が実現するもの、しくみ、状態
予想効果：	この企画・提案によって得られる効果
Why	この企画・提案がなぜ必要なのか？
背景：	現状分析結果、将来予測（仮説）など
How	この企画・提案をどうやって実現するのか？
手段：	具体的な実行方法
コスト：	実行に必要なヒト・モノ・カネ
スケジュール：	実行に必要な時間とスケジュール

Point 2 ストーリーはツリー構造で組み立てる

ストーリーはツリー構造で組み立てると、論理的で整理された流れになります。全体は、序論→本論→結論で構成します。本論は伝えたいことのかたまりを整理して、それぞれのかたまりを説明するには何が必要か、ブレイクダウンしていきます。

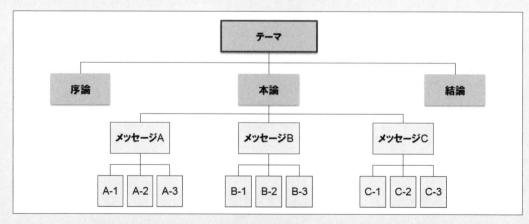

Point 3 図・グラフ・写真などを使ってビジュアルに伝える

文章だけで説明するより、ビジュアル化したほうが直感的に理解できる場合は、図やグラフを活用します。目に見えるものは、実物の写真や動画が一番ですが、用意できない場合はイメージを伝えるサンプルの写真でもよいでしょう。

Point 4 デザインの繰り返しでポイントを強調する

スライドショーを進めながら、重要なポイントが受け手の記憶に残るようにするデザインテクニックに「デザインの繰り返し」があります。

ポイントを記述するときの文字の大きさ・フォント・色や、枠の形・色・位置を一定にして複数ページにわたって同じデザインを繰り返すと、「このデザインのところがポイントなのだな」と、受け手がわかりやすくなります。

問題 27 問題 29

Point 5 アニメーションや画面切り替えでストーリーを強調する

説明順にチャートを表示すると、今どの部分の話をしているのか強調できるので、受け手にわかりやすくなります。画面切り替えの「変形」を使うと、ストーリーの繋がりを動きで強調できるので受け手に強く印象付けられます。

問題 25

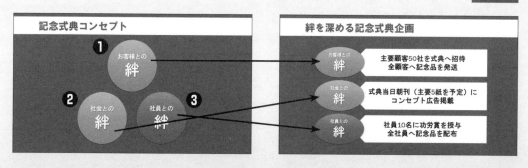

企画（ユーザー会）

課内でユーザー会の企画について検討するためのメモを作成しましょう。

■入力例■

1

ユーザー会企画

営業推進部
販売促進課

2

ユーザー会企画概要

- 目的
- お客様との関係性強化
- 新商品拡販
- 概要
- 日時：4月10日　13:30-17:00
- 場所：本社ショウルーム
- 対象：ユーザー会会員企業
- 内容：セミナー、デモ会、懇親パーティ

3

検討事項

- セミナーテーマ
- 案1：「ニューノーマル時代の文書情報管理」
- 案2：「セキュリティ対策の盲点とは」
- デモ会
- 案1：外部専門業者によるイベント型デモ会
- 案2：技術部SEによる体験型デモ会
- 案3：コーナーを分けて案1・案2両方実施

テーマ「ファセット」でプレゼンテーションを新規作成しましょう。

1. 新しいスライドを2枚挿入しましょう。

2. 入力例を参考に、文字列を入力しましょう。

3. 完成例を参考に、2～3枚目のスライドの箇条書きのレベルを変更しましょう。

4. スライドマスターを表示して、「マスターテキストの書式設定」のプレースホルダー内のフォントサイズを、すべて3段階大きくしましょう。

5. 「マスターテキストの書式設定」のプレースホルダー内の1行目を、フォントの色を［濃い青］、太字に設定しましょう。

6. すべてのスライドのスライド番号のフォントサイズを20ポイントにしましょう。

7. スライド番号を挿入して、表紙には表示せず、2枚目のスライド番号が「1」になるように設定しましょう。

「問題24-2P」という名前で保存しましょう。

1

ユーザー会企画

営業推進部
販売促進課

2

ユーザー会企画概要

▶ **目的**
  ▶ お客様との関係性強化
  ▶ 新商品拡販
▶ **概要**
  ▶ 日時：4月10日　13:30-17:00
  ▶ 場所：本社ショウルーム
  ▶ 対象：ユーザー会会員企業
  ▶ 内容：セミナー、デモ会、懇親パーティ

1

3

検討事項

▶ **セミナーテーマ**
  ▶ 案1：「ニューノーマル時代の文書情報管理」
  ▶ 案2：「セキュリティ対策の盲点とは」
▶ **デモ会**
  ▶ 案1：外部専門業者によるイベント型デモ会
  ▶ 案2：技術部SEによる体験型デモ会
  ▶ 案3：コーナーを分けて案1・案2両方実施

2

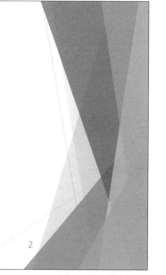

企画（創立十周年記念式典）

創立十周年記念式典のコンセプトと企画を説明する資料を作成しましょう。

テーマ「縞模様」の背景色が白いバリエーションを指定してプレゼンテーションを新規作成しましょう。

1. テーマのバリエーションの配色「マーキー」を適用しましょう。

2. テーマのバリエーションのフォント「Franklin Gothic」を適用しましょう。

3. スライドマスターを表示して、「マスタータイトルの書式設定」のプレースホルダーと背景の白い四角形の高さを縮小して位置を上に移動しましょう。

4. 「マスターテキストの書式設定」のプレースホルダーの高さを拡張しましょう。

5. 新しいスライドを2枚追加し、レイアウトを［タイトルのみ］に変更しましょう。

6. 完成例を参考に、1枚目のスライドにタイトルとサブタイトル、2〜3枚目のスライドにタイトルを入力しましょう。

7. 2枚目のスライドに円を描いて、クイックスタイルの［グラデーション−オレンジ、アクセント3］を設定しましょう。

8. 円の中に「お客様との絆」と入力し、「お客様との」と「絆」の間で改行しましょう。文字の影を設定しましょう。

9. 「お客様との」の文字列を24ポイント、「絆」の文字列を66ポイントに設定しましょう。

10. **7**〜**9**で作成した円をコピーしてスライドの右下に配置し、クイックスタイルの［グラデーション−アクア、アクセント1］に変更して、完成例を参考に文字列を修正しましょう。

11. **10**と同様の操作で、円をコピーして左下に配置し、クイックスタイルの［グラデーション−緑、アクセント2］に変更して、完成例を参考に文字列を修正しましょう。

> 簡単な操作で塗りつぶしの色とスタイルを設定するには、クイックスタイルが便利です。また、クイックスタイルは、おおよそのデザイン（立体感や枠線の太さなど）を設定するために活用しても便利です。いったんクイックスタイルを設定した後、塗りつぶしの色や枠線の色を変更するなどの任意の編集を加えれば、最初から自分で設定するより手早くイメージに合ったデザインにできます。

12. 完成例を参考に、3枚目のスライドに右矢印ホームベースを描いて反転しましょう。

13. ホームベースにクイックスタイルの［枠線のみ−灰色、アクセント4］に設定しましょう。

14. 完成例を参考に、**12**と**13**で描いたホームベースをコピーして縦に3つ並べましょう。

15. 完成例を参考に、ホームベースに文字列を入力しましょう。

16. 3つのホームベースに入力した文字を、28ポイントにしましょう。

17. 完成例を参考に、2枚目のスライドの3つの円をコピーして3枚目のスライドに貼り付けて、大きさや位置を調整しましょう。

18. 2枚目のスライドの3つの円に、クリックするたびに「お客様との絆」「社会との絆」「社員との絆」の順に表示されるように開始効果［ズーム］を設定しましょう

19. 3枚目のスライドの3つのホームベースに、クリックするたびに上から順に表示されるように開始効果の［フェード］を設定しましょう。

20. 3枚目のスライドの画面切り替えに［変形］を設定しましょう。

> 画面切り替えの［変形］はPowerPoint2019以降、追加になった機能です。前のスライドと次のスライドに共通のオブジェクトがあると、自動的に同じものと判別して流れるような動きを設定してくれます。ここでは、2枚目スライドの3つの円と3枚目のスライドの3つの楕円が共通のオブジェクトなので、3枚目のスライドを表示するときに変形しながら表示されます。

「問題25-2P」という名前で保存しましょう。

■完成例■

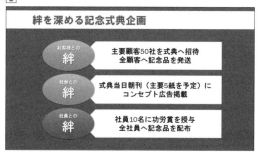

提案（フリーアドレス導入）

フリーアドレス導入を提案する資料を作成しましょう。

テーマ「クォータブル」でプレゼンテーションを新規作成しましょう。

1. テーマのバリエーションの配色「デザート」を適用しましょう。

2. テーマのバリエーションのフォント「Calibri」を適用しましょう。

3. スライドマスターを表示して、［スライドマスター］の「マスターテキストの書式設定」の
プレースホルダーの文字の配置を上揃えにして、2段階フォントを大きくしましょう。

4. 新しいスライドを3枚追加して、完成例を参考に1 ～ 4枚目のタイトルと文字列を入力し
ましょう。

5. 2枚目のスライドの下部にテキストボックスを挿入して、完成例を参考に文字列を入力し
ましょう。

6. 3枚目のスライドのコンテンツプレースホルダーの高さを縮小し、プレースホルダーの下
に余白を作成して、実習用データのExcelファイル「在席率調査結果」のグラフを「図」
として貼り付けましょう。

7. 4枚目のスライドのコンテンツプレースホルダーを縮小し、プレースホルダーの下に余白
を作成して、実習用データのExcelファイル「コミュニケーションアンケート結果」の3つ
のグラフを「図」として貼り付けましょう。

8. 2枚目のスライドの「コミュニケーション活性化」に4枚目のスライドへのハイパーリンク、
「座席数を社員の70％程度に削減」に3枚目のスライドへのハイパーリンクを設定しま
しょう。

9. 3枚目と4枚目のスライドの右下あたりに動作設定ボタン［戻る/前へ］を描いて、2枚目
のスライドへのハイパーリンクを設定しましょう。

10. テーマの色のカスタマイズをして、ハイパーリンク、表示済みのハイパーリンクの色を白
にしましょう。

「問題26-2P」という名前で保存しましょう。

1

営業本部
フリーアドレス導入提案書

総務部

2

フリーアドレス導入提案概要

○ 対象： 営業本部　営業部員（部門長を除く）
○ 目的： スペースコスト削減、コミュニケーション活性化
○ 時期： 10月度よりスタート（9月末にレイアウト変更）
○ 内容： 座席数を社員の70%程度に削減、打ち合わせスペース増設
○ 費用： レイアウト変更、引越し、ノートPCなど　概算480万円
○ 効果： オフィススペース　1フロア削減　賃貸料約1,000万円/年削減

(参考) 昨年度営業本部オフィス賃貸料　約4,000万円/年（4フロア使用）

3

現状　①オフィススペース

○ 2週間のモニタリングの結果、在席率は50%〜80%の間で推移、平均63%

○ 80%の在席率は、月曜日午前中（週報会が多い）と金曜日夜（営業会議が多い）のみ。社員数に対して70%の座席数でおおむねカバーできる。

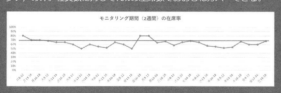

4

現状　②コミュニケーション

○ 営業本部内のコミュニケーションについてアンケートを行った結果、70%が部門間コミュニケーションの必要性を感じているが、できていない。

○ 以前の喫煙コーナーのような雑談できる環境を求める声が多い。

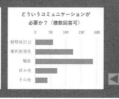

提案 (社員報奨旅行)

企業向けに社員報奨旅行を提案する資料を作成しましょう。

プレゼンテーションを新規作成しましょう。

1. 「テンプレート_問題27」のPowerPointテンプレートを適用しましょう。

2. 完成例を参考に、1枚目のスライドにタイトルとサブタイトル (社名) を入力しましょう。

3. テキストボックスを挿入して、「イロハ工業株式会社　御中」と入力し、フォントの色を [白、背景1]、24ポイント、太字にして、タイトルの左上に配置しましょう。

4. 新しいスライドを2枚追加し、スライドのレイアウトを [タイトルのみ] に変更して、タイトルを入力しましょう。

5. 完成例を参考に、2枚目のスライドにテキストボックスを挿入して、冒頭のあいさつ文3行を入力しましょう。

6. 角丸四角形を1つ描いて角の丸みを最大にして、クイックスタイル [パステル－青、アクセント1] を適用しましょう。

7. 完成例を参考に角丸四角形に文字列を入力し、24ポイント、太字に設定しましょう。「¥198,000」のみフォントの色を [濃い赤] にしましょう。

8. 円を描いて、画像ファイル「ヤシの木」を挿入しましょう。

9. 円を角丸四角形の左端に重ねるように配置して、大きさを調整しましょう。

10. 完成例を参考に、テキストボックスを挿入し、ツアーの説明文を入力しましょう。「次ページオプションより1つ無料」のみフォントの色を [濃い赤]、太字にしましょう。

11. 3枚目のスライドに、2枚目のスライドで作成した角丸四角形と円をセットでコピーして位置を調整し、完成例を参考に文章を修正しましょう。文章の3行目のみ16ポイント、フォントの色を [濃い赤] にしましょう。

12. 四角形を4つ描き、線の色を [灰色、アクセント3]、塗りつぶしの色を [白、背景1]、図形の効果を影の外側の [オフセット:右下]、フォントの色を [黒、テキスト1] にしましょう。

13. 完成例を参考に、四角形に文字列を入力しましょう。

14. 小さい円を4つ描いて塗りつぶしの色を [白、背景1、黒＋基本色35%]、枠線なしにしましょう。円の中には番号を入力し、32ポイントに設定しましょう。

「問題27-2P」という名前で保存しましょう。

1

イロハ工業株式会社　御中

社員報奨旅行のご提案

ABCツアーズ株式会社

2

ツアー概要

このたびは弊社のツアーをご検討いただきましてありがとうございます。
社員報奨旅行としてご提案するコースの概要は以下のとおりです。
何卒ご採用のほどお願い申しあげます。

 豪華ホテル　オーシャンフロントに泊まる
ホノルル４泊６日　¥198.000/人

【上記料金の内容】
貸切バスにて空港⇔ホテル間の送迎
全朝食付き、夕食2回（初日・最終日前日の２回、ビュッフェ式パーティ）
豪華ホテルオーシャンフロント保証（ホテルは別紙リスト参照）
添乗員2名同行
次ページオプションより1つ無料

3

充実のオプション

 社員の皆様それぞれにご満足いただける
オプションをご用意します。
おひとり様1つ無料で選択いただけます。

①	②	③	④
オアフ島内 1日観光 約6時間 昼食付き	マリンスポーツ 5種類体験 約６時間 昼食付き	ディナークルーズ 食事と夜景 約3時間 （2名様以上1組）	アウトレット ショッピング 約6時間 割引チケット付き

企画（環境マネジメント対策）

環境マネジメント対策の企画を説明する資料を作成しましょう。

生産技術センターEMS推進部では、環境マネジメントへの取り組みとして新たなプロジェクトを3つ立ち上げることを企画しています。その企画案を役員会で説明するために、概要をまとめた資料を作成することになりました。次の条件を満たすスライドを作成しましょう。

■次の項目は必ず盛り込みましょう。

・タ イ ト ル：環境マネジメント対策企画書
・サブタイトル：生産技術センター EMS推進部
・内　　　容：下記の内容を整理して作成する。

> 環境マネジメント3つの視点（3R）とは、Reduce（廃棄物の発生抑止）、Reuse（再利用）、Recycle（再生利用）である。
>
> 生産技術センターでは、この3Rを推進するために3つのProjectの立ち上げを提案する。そのProjectとは、「Reduce Project」、「Reuse Project」、「Recycle Project」である。「Reduce Project」のテーマは「廃棄物80%削減を目指した生産の見直し」、「Reuse Project」のテーマは「ユニット単位での再利用推進」、「Recycle Project」のテーマは「回収→再生利用のしくみ作り」である。
>
> これらのProjectは、執行役員のリーダーシップのもとに全社をあげて積極推進することを目指している。Project Leader候補者は、「Reduce Project」がBill Smith、「Reuse Project」がMary Brown、「Recycle Project」が石川聡である。

・背景デザインは「テンプレート_問題28」を使用する。
・環境をイメージさせるカラーを基調に資料を作成する。
・ビジュアル化の工夫をする（図解やカラー化）。
・アニメーションや画面切り替えを使って動きをプラスし、ポイントや流れを強調する。

「問題28-2P」という名前で保存しましょう。

提案（運営体制改善提案）

ショウルーム運営体制改善策を提案する資料を作成しましょう。

システムエンジニアリング部技術サポート課では、かねがねショウルームの運営体制に問題を感じていました。そこで、改善策をまとめてショウルームの運営を担当する営業推進課に提案することにしました。それはシステムエンジニアリング部が協力し、ショウルーム運営を強化しようという考えです。その内容を営業推進課長やメンバーに提案するために、概要をまとめた資料を作成することになりました。次の条件を満たすスライドを作成しましょう。

■次の項目は必ず盛り込みましょう。

・タ イ ト ル：ショウルーム運営体制改善提案
・サブタイトル：システムエンジニアリング部　技術サポート課
・内　　　　容：下記の内容を整理して作成する。

> この改善提案の狙いは、「本社ショウルーム運営体制を強化し、お客様に迅速・正確な対応を行う」ことである。そのために、技術サポート課では2つのことを提案する。それは、技術的な一次対応を迅速・正確にするためにショウルーム受付への技術教育を行うことと、技術的な二次対応を迅速・正確にするためにショウルーム担当SE（システムエンジニア）体制を確立することである。
>
> 現状のフローの問題点は、SEが全員不在の場合はお客様にその場でお答えできないことである。技術的な質問があるとSE部に電話してわかる人をつかまえるしかないが、翌日以降になることもしばしばある。そこで、それを防ぐためにショウルーム受付への技術教育とショウルーム担当SE体制の確立を行い、ショウルーム受付による一次対応、常駐SEによる二次対応、両方を迅速・正確にしたい。
>
> これによって、お客様の質問対応フローは、以下のように変わる。
>
> 「まず、受付（ショウルーム）がお客様の質問を受け付けたら、可能な限り一次対応をします。それでもわからないことは、SE部へ連絡します。SE部ではショウルーム担当SEが質問を受け付け、その場で調べて回答します。受付は回答を受け付けたら、それを基にお客様に回答します。」

次のページの【現状のフロー】を参考に、改善後のフローも同じ形式で描いてみましょう。

・背景デザインは自由に設定する。
・ビジュアル化の工夫をする（図解、統一感のあるカラー化など）。
・改善ポイントを明確にするために、改善前と改善後のフローを図解する。
・アニメーションを使って動きをプラスし、ポイントを強調する。

「フロー」とは「流れ」という意味です。この場合は、「業務フロー」といってもよいでしょう。どういう流れで仕事が進んでいくのか、簡単な図で構いませんので描いてみましょう。

フローの書き方はさまざまな方法がありますが、以下の例で見てみましょう。

【現状のフロー】

「まず、受付（ショウルーム）がお客様の質問を受け付けたら、SE部へ連絡します。電話を受け取った人は、質問内容によって担当を探して適切な担当者に引き継ぎます。引き継いだ担当者が回答します。受付は回答を受け付けたら、それをもとにお客様に回答します。」

以下のようにまとめると、文章で書くよりも流れや役割分担が明確になります。

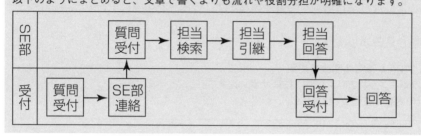

「問題29-2P」という名前で保存しましょう。

応用 問題 30 提案 (リゾートマンションのご提案)

リゾートマンションを提案するプレゼンテーションを作成しましょう。

ABCトラベル株式会社海外リゾート事業部では、自社が経営するリゾートマンションを複数の
オーナーでシェアする権利を販売する事業を行っています。お客様への説明会では、概要をプ
レゼンテーションしてから、担当営業が個々のお客様にマンツーマンで説明して提案する方式
を取っています。概要を紹介するために使う資料として、次の条件を満たすプレゼンテーショ
ンを作成しましょう。

■次の項目は必ず盛り込みましょう。

・タ イ ト ル：リゾートマンションタイムシェア倶楽部のご紹介
・サブタイトル：ABCトラベル株式会社　海外リゾート事業部
・内　　　　容：下記の内容を整理して、表紙を含めて3ページで作成する。
　　　　　　　　　・2ページ目タイトル　システムのご紹介
　　　　　　　　　・3ページ目タイトル　部屋タイプの例

「システムのご紹介」のスライドでは、以下の情報を整理して記載する。
リゾートマンションタイムシェア倶楽部とは、日本国内20か所・ハワイ3か所のリゾ
ートマンションの利用権を、複数のオーナー様でシェアするシステムである。ご入会
費用は、入会金　¥525,000、預託金　¥840,000（退会時に返金）、年会費
¥210,000/1口である。サービス内容（1口）は、年間1室×10泊、全施設から自
由選択できる。1室の利用可能人数は4〜6名様である。（施設・部屋タイプによって
異なる）利用方法は、予約センターにて予約後、1泊¥2,100/人の施設利用料を現地
でお支払いいただく。
スライドには「詳細は、パンフレットをご覧ください。ご不明点は、担当営業までお
気軽にお問い合わせください。」という注意書きを記載すること。

「部屋タイプの例」のスライドでは、以下の情報を整理して記載する。
ABCトラベルリゾートホノルルを例として取り上げる。ABCトラベルリゾートホノル
ルは、ワイキキビーチより徒歩3分の好立地にある。お部屋タイプA-01は、120㎡
定員4名様である。リビングルーム、2ベッドルーム、キッチン付である。
スライドにはハワイをイメージさせるような写真を貼り付け、実際の画像ではないので、
写真の近くに「イメージ画像」と注意書きを添えること。また、部屋タイプの例は、
実際の写真で説明すること。

・背景デザインは自由に設定する。
・情報は箇条書きや表形式を使用して整理し、簡潔に記述する。
・ビジュアル化の工夫（イラストや写真の活用）をして、部屋タイプの例は、「玄関」、「キッチン」、「リビング
　ルーム」を使用する。

「問題30-2P」という名前で保存しましょう。

第5章

プレゼンテーション

第5章

プレゼンテーション

PowerPointプレゼンテーションを投影してプレゼンテーションを行うとき、それを助けるPowerPointの機能はたくさんあります。事前準備としては、ノート機能で説明内容を整理したり、必要な資料がすぐ表示できるようにリンク機能でリンクを設定したりします。目的別スライドショーを設定しておけば、相手に合わせて必要なスライドだけを、適切な順番で投影できます。スライドショー中は、発表者用ツールを使えば、ノートの内容や次のスライドを確認しながら発表できるので、落ち着いてスマートに発表できるでしょう。

Point 1 ノート機能で説明内容を整理する

PowerPointのノート機能を使うと、それぞれのスライドにメモを書き加えられます。文字はもちろん、図なども挿入できますが、多くの場合、プレゼンテーションで話す内容や注意事項を記入するために使います。自分のためだけでなく、同じ資料を複数の人が使う場合には、必ず説明するポイントの共有など、プレゼンテーションの品質を一定に保つためにも役立ちます。

スライドショー実行中には、投影されませんが、発表者用ツールを使えば、発表者は発表中にも画面で見ることができます。

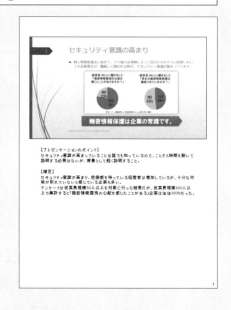

問題 32

Point 2 目的別プレゼンで多様なシーンに対応する

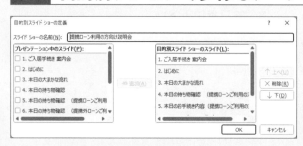

相手によって説明が不要なスライドがある場合、目的別プレゼンテーション機能を使えば、PowerPointプレゼンテーションを複数用意してパターン分けせずに済みます。どのスライドを、どういう順番で表示したいか設定して、名前を付けて保存できます。

問題 34　問題 37

3 リンクを駆使して柔軟に対応する

リンクを設定すると、スライドショー中にスライド内の文字や図形などをクリックしたとき、指定したリンク先が開きます。リンク先には、同じPowerPointプレゼンテーション内のスライドの他に、別のPowerPointプレゼンテーション、その他のファイル、URLが指定できます。

問題 36　問題 38

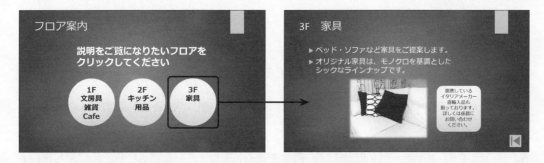

4 ズーム機能でビジュアルにリンクする

ズーム機能のサマリーズームやスライドズームを使用すると、リンク先のスライド画像を自動的に作成してリンクを設定できます。スライド画像をクリックしてリンク先を表示すると、ズームしながらなめらかに開くので、受け手に印象深く見せられます。

問題 36

5 発表者ツールでスマートにプレゼンする

スライドショー実行中に発表者ビューを表示すると、現在投影しているスライドの他に、次のスライド（アニメーションが設定してある場合は、次にクリックしたときの状態）や、ノートに書いてある情報を、同時に見ながらプレゼンテーションできます。

プレゼン（プレゼンテーション研修のご提案）

企業向けにプレゼンテーション研修を提案するプレゼンを実行しましょう。

ファイル「プレゼンテーション研修のご提案」を開きましょう。

1. スライドショーを1枚目から開始しましょう。

2. 発表者ビューを表示して、スライドショー中にノートや次のスライドが閲覧できるのを確認しましょう。

3. 発表者ビューですべてのスライドを表示して、4枚目のスライドに移りましょう。

4. 4枚目のスライドをスライドショーで拡大し、右下に書いてある注意事項がよく見えるようにしましょう。

5. スライドショーを一時的に消して、画面を黒くしましょう。確認したら、元に戻しましょう。

6. 発表者ビューで3枚目のスライドに戻りましょう。

7. 発表者ビューを終了して、通常のスライドショーに戻りましょう。

8. スライドショーを最後まで実行して、終了しましょう。

ファイル「プレゼンテーション研修のご提案」を閉じましょう。

■発表者ビュー■

■発表者ビュー（すべてのスライドを表示）■

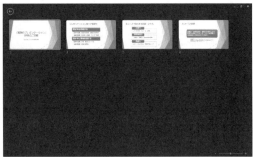

■発表者ビュー（拡大表示）■

■発表者ビュー（画面を一時的に黒くする）■

ノート（シュレッダーのご提案）

お客様にシュレッダーの導入を提案する資料を作成しましょう。

ファイル「シュレッダーのご提案」を開きましょう。

1. テキストファイル「ノート記入用」に用意されている文章を使って、1〜4枚目のノートに
プレゼンテーションのポイントや補足を入力しましょう。

2. リハーサルを実行して、スライドショーのタイミングを保存しましょう。

3. スライドショー実行時には、保存したタイミングを使用せず、クリックするタイミングで
スライドをめくるように設定しましょう。

「問題32-2P」という名前で保存しましょう。

■完成例■

1

2

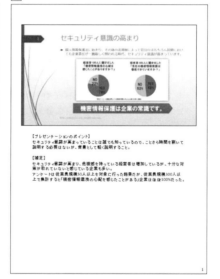

3

4

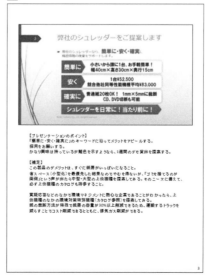

配布資料（セミナー教材）

セミナー教材を、目的に合わせてさまざまな形式で印刷しましょう。

ファイル「セミナー教材」を開きましょう。

1. 受講者用の配布資料として、ノートに記入してある説明も合わせて印刷するために、ノート形式で印刷しましょう。

2. オブザーバー用の配布資料として、3ページ/枚の配布資料形式にして印刷しましょう。

3. トレーナーが構成を確認するために、アウトライン形式で印刷しましょう。

4. 当日の講義で、PCとプロジェクターが使用できない場合に備えて、書画カメラで映せるように1ページ/枚のスライド形式で印刷しましょう。

ファイル「セミナー教材」を閉じましょう。

■印刷例 ― ノート形式■

■印刷例 ― 配布資料形式（3ページ/枚）■

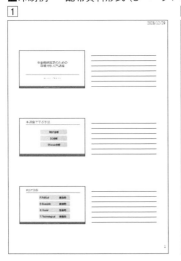

■印刷例 － アウトライン形式■

■印刷例 － スライド形式■

1
事業戦略策定のための
環境分析入門講座

ABCラーニング株式会社

2
本講座で学ぶ手法

PEST分析

3C分析

5Forces分析

3
PEST分析

P：Political　　　政治的

E：Economic　　経済的

S：Social　　　　社会的

T：Technological　技術的

4
3C分析

5
5Forces分析

6
チーム討議

■ あなたの所属する企業の環境分析をしましょう。
　✓ PEST分析：　　　別紙「ワークシート-01」使用
　✓ 3C分析：　　　　別紙「ワークシート-02」使用
　✓ 5Forces分析：　別紙「ワークシート-03」使用

■ 環境分析結果から、各事業分野の今後の方針を
　検討しましょう。

■ チームごとに発表しましょう。

34 目的別プレゼン（下期営業目標説明会）

営業部員向け、営業部長向け、役員向けプレゼンテーション資料を作成しましょう。

ファイル「下期営業目標説明会」を開きましょう。

1. 「営業部員向け説明会」という目的別スライドショーを作成しましょう。
表示するスライドと順番を以下のように設定しましょう。
・スライド1
・スライド2
・スライド3
・スライド4

2. 「営業部長向け説明会」という目的別スライドショーを作成しましょう。
表示するスライドと順番を以下のように設定しましょう。
・スライド1
・スライド2
・スライド3
・スライド5
・スライド4

3. 「役員向け説明会」という目的別スライドショーを作成しましょう。
表示するスライドと順番を以下のように設定しましょう。
・スライド1
・スライド6
・スライド2
・スライド3

「問題34-2P」という名前で保存しましょう。

■完成例：目的別スライドショー「営業部員向け説明会」■

■完成例：目的別スライドショー「営業部長向け説明会」■

1

2

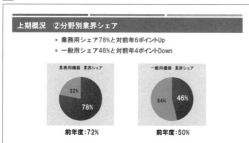

3

4

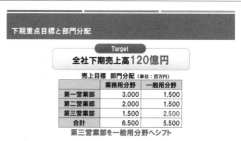

5

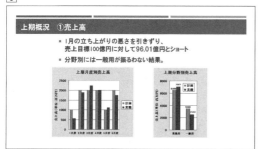

■完成例：目的別スライドショー「役員向け説明会」■

1

2

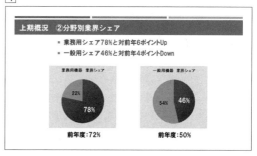

3

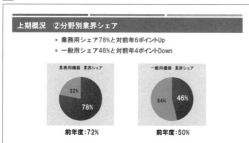

4

掲示（観光旅行の案内）

旅行会社の営業所内に設置するモニタに表示する自動プレゼンテーションを作成しましょう。

テーマ「縞模様」でプレゼンテーションを新規作成しましょう。

1. テーマのバリエーションの配色「ペーパー」を適用しましょう。

2. スライドのレイアウトを［白紙］に変更しましょう。

3. 完成例を参考に、テキストボックスを挿入して「中洲めぐり・博多特集」と入力し、フォントをHGP創英プレゼンスEB、60ポイントに設定しましょう。

4. 角丸四角形を挿入し、図形の効果を［標準スタイル2］に設定しましょう。

5. 角丸四角形に完成例を参考に文字列を入力し、フォントをHGP創英角ゴシックUB、36ポイント、文字の影を設定しましょう。

6. 画像ファイル「博多」を貼り付け、完成例を参考に、必要に応じて位置や大きさを調整し、スタイルを［四角形、背景の影付き］に設定しましょう。

7. 角丸四角形にアニメーションの強調効果［パルス］を設定しましょう。

8. 1枚目のスライドを3回コピーして、4ページにしましょう。

9. 完成例を参考に、2～4枚目のスライドのキャッチコピーを修正し、画像を削除しましょう。

10. 2枚目のスライドに画像ファイル「沖縄」、3枚目のスライドに画像ファイル「上海-1」、「上海-2」、4枚目のスライドに画像ファイル「西欧」を貼り付け、必要に応じて位置や大きさを調整し、スタイルを［四角形、背景の影付き］に設定しましょう。

11. 完成例を参考に、3～4枚目の角丸四角形の文字列を修正しましょう。

12. 3～4枚目の角丸四角形の塗りつぶしの色を［ゴールド、アクセント3］に設定しましょう。

13. 画面切り替えを［ワイプ］、効果のオプションを［左から］に設定しましょう。

14. スライドショーを実行すると、1枚のスライドにつき10秒程度で画面が切り替わるように設定し、各スライドが表示されて5秒後程度で角丸四角形がアニメーションで強調されるようにしましょう。

15. Escキーを押すまで、プレゼンテーションがフルスクリーンで繰り返すように設定しましょう。

「問題35-2P」という名前で保存しましょう。

1

2

3

4

応用 問題 36　リンク（情報機器社外持ち出し）

持ち出しの可否をチェックするマニュアルを作成しましょう。

情報システム部では、情報セキュリティ事故防止のために、情報機器管理規程やセキュリティ規程を作成していますが、規程の存在の認知度が低く、知っていても細かい規程を読まない社員が多く、ルールを徹底できていない点が課題です。規程を決めたときには説明会をしましたが、数年たった今では新しい社員も増えています。そこで、社員全員にルールを再徹底するために、持ち出し可否を簡単にチェックできる電子マニュアルを用意することにしました。以前、説明会で使用した資料があるので、それをアレンジして、質問に答えていくと持ち出し可否がわかるようにします。次の条件を満たすスライドショーを作成しましょう。

■次の項目は必ず盛り込みましょう。

・既存資料：「情報機器社外持ち出し」
・内　　容：各スライドの説明内容は編集しない。
・2枚目のスライドで、質問の答えに該当する四角形をクリックすると、以下のスライドにジャンプするように設定する。
　　「Note PC」の四角形　　　　4枚目のスライドにリンク
　　「USBメモリ」の四角形　　　3枚目のスライドにリンク
　　「その他」の四角形　　　　　8枚目のスライドにリンク
・3枚目のスライドで、質問の答えに該当する四角形をクリックすると、以下のスライドにジャンプするように設定する。
　　「YES」の四角形　　　　　　5枚目のスライドにリンク
　　「NO」の四角形　　　　　　 8枚目のスライドにリンク
・4枚目のスライドで、質問の答えに該当する四角形をクリックすると、以下のスライドにジャンプするように設定する。
　　「YES」の四角形　　　　　　5枚目のスライドにリンク
　　「NO」の四角形　　　　　　 8枚目のスライドにリンク
・5枚目のスライドで、質問の答えに該当する四角形をクリックすると、以下のスライドにジャンプするように設定する。
　　「YES」の四角形　　　　　　6枚目のスライドにリンク
　　「NO」の四角形　　　　　　 7枚目のスライドにリンク
・6枚目のスライドで、質問の答えに該当する四角形をクリックすると、以下のスライドにジャンプするように設定する。
　　「YES」の四角形　　　　　　7枚目のスライドにリンク
　　「NO」の四角形　　　　　　 8枚目のスライドにリンク
・7〜8枚目のスライドに動作設定ボタン［最初に移動］を描いて、クリックすると表紙のスライドに戻るようにする。
・9〜10枚目のスライドに動作設定ボタン［最初に移動］を描いて、クリックすると7枚目のスライドに戻るようにする
・2〜8枚目と10枚目のスライドで、スライドショー実行中に、リンクを設定している四角形や動作設定ボタン以外の部分をクリックしても、スライドが変わらないようにする。
・7枚目のスライド（持ち出しOK）で、スライドズーム機能を使って9枚目と10枚目の画像を貼り付けて、クリックすると9枚目と10枚目のスライドが閲覧できるようにする

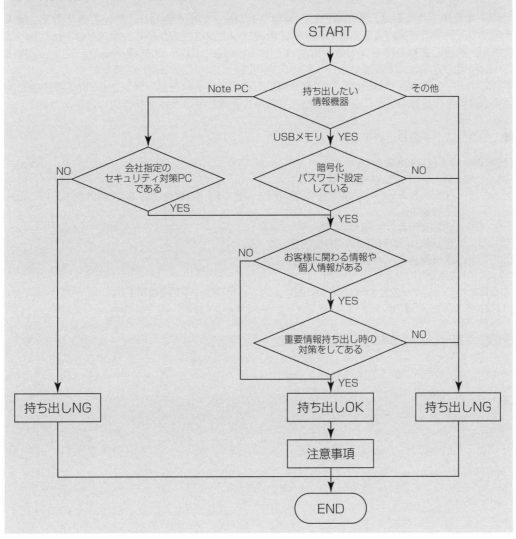

この問題では、質問に答えて該当する四角形をクリックすると次の質問が記載されているスライドが表示されて、最後に持ち出し可否がわかるようにリンクを設定していますが、このように条件によって分岐していく流れは、全体像を図にしてもわかりやすいでしょう。例えば、情報機器の持ち出し可否を判断する流れを簡単な図にすると、以下のようになります。

「問題36-2P」という名前で保存してから、同じ名前でPowerPointスライドショー形式で保存しましょう。

目的別プレゼン（入居手続き案内会）

新築マンション購入契約者向けの入居手続き案内会の発表資料を作成しましょう。

ABC不動産株式会社では、昨年販売した新築マンションの引き渡しが近づいてきたので、購入者向けの入居手続き案内会を開催します。このマンションは戸数が多く、案内会は1回では済みません。融資の有無やローンの種類によって手続きが違うので、①融資不要の方向け、②提携ローン利用の方向け、③提携外ローン利用の方向けとに分けて、3回行います。

すでに他のマンションでも使用した説明資料があるので、それをアレンジして3回の案内会で使用する資料を作成することになりました。次の条件を満たすスライドを作成しましょう。

■次の項目は必ず盛り込みましょう。

- ・既存資料：「入居手続き案内会」
- ・内　　　容：各スライドの説明内容は編集しない。
  下記の各スライドの内容を見て、説明するべきスライドを検討して、3つの目的別スライドショーを設定する。
  ①融資不要の方向け説明会
  ②提携ローン利用の方向け説明会
  ③提携外ローン利用の方向け説明
- ・全スライドの画面切り替えを「キューブ」にする。
- ・3枚目のスライド「本日の大まかな流れ」の図は、アニメーションで手順を強調する。
- ・11枚目のスライドの緑色の文字列は、アニメーションで表示して目を引くようにする。

「問題37-2P」という名前で保存しましょう。

自動プレゼン（店舗フロア案内）

インテリアショップの案内版に表示する店舗フロア案内資料を作成しましょう。

あるインテリアショップでは、店舗の受付カウンターの混雑を解消するために、お客様が操作できるパソコンを配置し、フロア案内のスライドショーを表示しておくことにしました。配布資料として使っている既存資料があるので、それをアレンジしてスライド内で各階をクリックすると、その階の説明が見られるようにします。次の条件を満たすスライドショーを作成しましょう。

■次の項目は必ず盛り込みましょう。

・既存資料：「フロア案内」
・内　　容：各スライドの説明内容は編集しない。
　　　　　　ただし、1枚目のスライドにはテキストボックスを挿入して「説明をご覧になりたいフロアをクリックしてください」と入力し、レイアウトを調整する。
・1枚目のスライド「1F…」の円をクリックすると2枚目のスライドが表示されるようにする。
・2枚目のスライド「2F…」の円をクリックすると3枚目のスライドが表示されるようにする。
・3枚目のスライド「3F…」の円をクリックすると4枚目のスライドが表示されるようにする。
・2〜4枚目のスライドに、1枚目のスライドに戻るための動作設定ボタンを作成する。
・スライドショー中に1枚目のスライドの円や、戻るための動作設定ボタン以外の部分をクリックしても、スライドが切り替わらないように設定する。

「問題38-2P」という名前で保存してから、さらに同じ名前でスライドショー形式で保存しましょう。

応用 問題 39 スライドショー（新商品説明会）

社内向けに新商品の市場導入を説明する資料を作成しましょう。

いろは飲料株式会社では、この春、新商品「さわやか茶」を市場導入することになり、販売促進部が社内向け説明会を行います。社内向け説明会は全国一斉に行うので、販売促進部メンバーが説明に回るわけにいきません。そこで、資料を各支店・出張所の販売促進担当者に渡して、プレゼンテーションをしてもらうことになりました。次の条件を満たすスライドを作成し、スライドショー形式で保存しましょう。

■次の項目は必ず盛り込みましょう。

・タ イ ト ル：「さわやか茶」説明会
・サブタイトル：いろは飲料株式会社　販売促進部
・内　　　　容：下記の内容を整理して作成する。

```
「さわやか茶」の特長は、香り、甘み、さわやかなパッケージ、細身のボトルである。
市場導入スケジュールは以下のとおり。
本日〜　　　社内説明会実施
↓　　　　　販促ツール社内展開
4/1　　　　プレス発表
↓　　　　　特約店小売店へ案内
4/10　　　　広告開始
↓　　　　　全国キャンペーン
```

・背景デザインは自由、お茶のイメージに合う色にする。
・SmartArtを使用して、説明内容を図解する。
・アニメーションを使用して、聞き手の目を引く工夫をする。
・「社外秘・取扱注意」という表示を全ページに目立つように入れる。
・社外秘の内容なので、パスワードを設定する。
・現地で内容を編集しないように、読み取りパスワードと書き込みパスワードは違うものにする。
・スライドショー形式で保存する。

「問題39-2P」という名前で保存してから、同じ名前でパスワードを設定してスライドショー形式で保存しましょう。
読み取りパスワードは「iroha123」、書き込みパスワードは「hansoku」にしましょう。

プレゼンパック（感染症予防）

応用 問題 40

感染症予防対策セミナーで使用するプレゼンテーション資料を作成しましょう。

ABC薬品株式会社では、感染症予防に対する意識を高めるために、全国各地で無料セミナーを行うことになりました。自分で行える対策を解説し、自社商品を紹介する予定です。毎回PCを持参できるとは限らず、現地で借りてプレゼンテーションする場合も考えられるので、プレゼンテーションパックを作成してUSBメモリで持参することにしました。次の条件を満たすスライドを作成し、プレゼンテーションパックにしましょう。

■次の項目は必ず盛り込みましょう。

・既存資料：「感染症予防対策」、「商品紹介」
・内　　容：各スライドの説明内容は編集しない。
・「感染症予防対策」の4枚目のスライドに動作設定ボタン［情報の取得］を描き、「商品紹介」の2枚目のスライドにハイパーリンクする。
・「感染症予防対策」の6枚目のスライドに動作設定ボタン［情報の取得］を描き、「商品紹介」の3枚目のスライドにハイパーリンクする。

「問題40-2P」という名前で保存してから、さらに「問題40-2P」というフォルダー名でプレゼンテーションパックを作成しましょう。

解答集

問題に対する解答例を記載しています。

基礎問題の解答例は、この手順どおりに操作しなくても、
同等の操作を行って問題の要求を満たす結果が得られれば「正解」です。

応用問題の解答例は、「完成例」ファイルを作成するための手順です。
作成した解答ファイルが完成例ファイルと異なっていても、
問題の要求を満たしていれば「正解」となります。

解答集目次

第1章

ポスター・掲示

基礎問題 1 掲示（本年度経営方針）

「新しいプレゼンテーション」でプレゼンテーションを新規作成します。

1.

①[ホーム] タブの □レイアウト▼ [レイアウト] ボタンをクリックして、[タイトルとコンテンツ]をクリックします。

2.

①[デザイン] タブの □スライドのサイズ▼ [スライドのサイズ] ボタンをクリックして [標準(4:3)] をクリックし、[Microsoft PowerPoint] ダイアログボックスの [最大化] をクリックします。

3.

①入力例を参考に、文字列を入力します。

4.

①[デザイン] タブの [テーマ] の ▼ [その他] （または [テーマ]）ボタンをクリックして、[テーマの参照]をクリックします。

②[テーマまたはテーマドキュメントの選択] ダイアログボックスで実習用データのファイル「テンプレート_問題01」をクリックして、[適用]をクリックします。

5.

①「【ビジョン】」から「【重点目標】」までの4行をドラッグして選択します。

②[ホーム] タブの :≡ ▼ [箇条書き] ボタンをクリックします。箇条書きが解除されます。

6.

①「【スローガン】」の後ろをクリックし、Enterキーを2回押します。

7.

①「快適・便利・癒し」をドラッグして選択します。

②[ホーム] タブの A▼ [フォントの色] ボタンの▼をクリックして、[標準の色] の [濃い赤]（左端）をクリックします。

③[ホーム] タブの 18 ▼ [フォントサイズ] ボックスの▼をクリックして、[44]をクリックします。

④[ホーム] タブの S [文字の影] ボタンをクリックします。

8.

①「1,000億円」をドラッグして選択します。

②[ホーム] タブの A▼ [フォントの色] ボタンの▼をクリックして、[標準の色] の [濃い赤]（左端）をクリックします。

③[ホーム] タブの S [文字の影] ボタンをクリックします。

④[ホーム] タブの ❏ [書式のコピー /貼り付け] ボタンをクリックします。

⑤「100%」をドラッグして選択し、「1,000億円」と同じ書式を適用します。

⑥スライドの任意の場所をクリックして選択を解除します。

9.

①[挿入] タブの A [ワードアート] ボタンをクリックして、[塗りつぶし:オレンジ、アクセントカラー2;輪郭:オレンジ、アクセントカラー 2]（一番上、左から3番目）をクリックします。

②スライド内に「ここに文字を入力」と表示されたワードアートが挿入されたら、「Customer First!」と入力します。

③ワードアートの外枠をクリックします。

④[ホーム] タブの 18 ▼ [フォントサイズ] ボックスの▼をクリックして、[88]をクリックします。

10.

①完成例を参考に、ワードアートをドラッグして適切な位置まで移動します。

基礎問題 2 社内資格制度合格発表

テーマ「イオン　ボードルーム」でプレゼンテーションを新規作成します。

1.

①タイトルスライドをクリックして、Deleteキーを押します。

2.

①[ホーム] タブの □新しいスライド▼ [新しいスライド] ボタンの▼をクリックして、[アウトラインからスライド]

をクリックします。

②[アウトラインの挿入]ダイアログボックスで実習用データのWordファイル「社内資格制度合格者リスト」をクリックして、[挿入]をクリックします。

> アウトラインからスライドが作成されますが、フォントの種類が正しく反映されない場合があるので、Ctrl＋Aキーを押してすべてのスライドを選択し、[ホーム]タブの 🗐リセット [リセット]ボタンをクリックします。

3.

①1枚目のスライドをクリックします。

②[ホーム]タブの 🔲レイアウト▾ [レイアウト]ボタンをクリックして、[タイトルスライド]をクリックします。

③タイトルの「社内資格制度」と「合格発表」の間をクリックして、Shift＋Enterキーを押します。

4.

①サブタイトルに「いろはシステム株式会社」と入力し、Shift＋Enterキーを押して「技術本部」と入力します。

5.

①[表示]タブの 🔲 [スライドマスター]ボタンをクリックします。

②画面左側の一覧で[スライドマスター]（一番上）をクリックします。

③「マスターテキストの書式設定」という文字列をドラッグして選択し、[ホーム]タブの B [太字]ボタンをクリックします。

④[ホーム]タブの 18 ▾ [フォントサイズ]ボックスの▼をクリックして、[28]をクリックします。

6.

①[スライドマスター]の「マスターテキストの書式設定」と表示されているプレースホルダーの下部中央のハンドルをドラッグして高さを拡張します。

②画面左側の一覧で[タイトルとコンテンツ]レイアウト（上から3番目）をクリックします。

③[スライドマスター]の「マスターテキストの書式設定」と表示されているプレースホルダーの下部中央のハンドルをドラッグして高さを拡張します。

④[スライドマスター]タブの ❌ [マスター表示を閉じる]ボタンをクリックします。

7.

①5枚目のスライドをクリックします。

②[挿入]タブの 🖼 [画像]ボタンをクリックし、[画像の挿入元]の[このデバイス...]をクリックします。

③[図の挿入]ダイアログボックスで実習用データの画像ファイル「答案」をクリックして、[挿入]をクリックします。

④スライド中央にイラストが挿入されるので、完成例を参考に位置と大きさをドラッグして調整します。

基礎問題 **3** **掲示（CS 行動指針）**

「新しいプレゼンテーション」でプレゼンテーションを新規作成します。

1.

①[ホーム]タブの 🔲レイアウト▾ [レイアウト]ボタンをクリックして、[白紙]をクリックします。

2.

①[デザイン]タブの 🔲 [スライドのサイズ]ボタンをクリックして[標準(4:3)]をクリックし、[Microsoft PowerPoint]ダイアログボックスの[最大化]をクリックします。

3.

①[デザイン]タブの 🔲 [背景の書式設定]ボタンをクリックします。

②[背景の書式設定]作業ウィンドウの[塗りつぶし]の[塗りつぶし（グラデーション）]をクリックします。

③[既定のグラデーション]ボタンの▼をクリックして、[薄いグラデーション－アクセント1]（1行目、左端）をクリックします。

④[すべてに適用]をクリックします。

⑤[背景の書式設定]作業ウィンドウの ❌ 閉じるボタンをクリックします。

4.

①[挿入]タブの 🔲 [図形]ボタンをクリックして、[四角形]の □ [正方形/長方形]をクリックします。

②マウスポインターが＋になるので、完成例を参考にスライド上部に四角形を描きます。

③[ホーム]タブの 🔲図形の塗りつぶし▾ [図形の塗りつぶし]ボタンの▼をクリックして、[テーマ色]の[青、

アクセント1、黒＋基本色25％]（上から5行目、左から5番目）をクリックします。

④［ホーム］タブの ◢図形の効果▾ ［図形の効果］ボタンをクリックして、［標準スタイル］をポイントして［標準スタイル］の［標準スタイル4］（上から1行目、右端）をクリックします。

5.

①完成例を参考に、四角形に文字列を入力します。

6.

①四角形の外枠をクリックし、［ホーム］タブの ＭＳ Ｐゴシック▾ ［フォント］ボックスの▼をクリックして、［HGP創英角ゴシックUB］をクリックします。

②四角形に入力した文字列の1行目をドラッグして選択し、［ホーム］タブの 18 ▾ ［フォントサイズ］ボックスの▼をクリックして、［28］をクリックします。

③四角形に入力した文字列の2行目をドラッグして選択し、［ホーム］タブの 18 ▾ ［フォントサイズ］ボックスの▼をクリックして、［54］をクリックします。

7.

①［挿入］タブの ［図形］ボタンをクリックして、［四角形］の ▭ ［四角形:角を丸くする］をクリックします。

②マウスポインターが＋になるので、完成例を参考に角丸四角形を描きます。

③ ○ 黄色のハンドルを右側いっぱいにドラッグして、角の丸みを最大にします。

④［ホーム］タブの ◢図形の枠線▾ ［図形の枠線］ボタンをクリックして、［テーマの色］の［青、アクセント1、黒＋基本色50％］（上から6行目、左から5番目）をクリックします。

⑤［ホーム］タブの ◢図形の枠線▾ ［図形の枠線］ボタンをクリックして、［太さ］をポイントして［0.5］をクリックします。

⑥［ホーム］タブの ◢図形の塗りつぶし▾ ［図形の塗りつぶし］ボタンをクリックして、［グラデーション］をポイントして［淡色のバリエーション］の［左方向］（上から2行目、左から3番目）をクリックします。

⑦［ホーム］タブの ◢図形の効果▾ ［図形の効果］ボタンをクリックして、［影］をポイントして［外側］の［オフセット:右下］（1行目、左端）をクリックします。

8.

①「顧客第一」と入力し、Tabキーを押して「お客様の身になって行動する」と入力します。

> タブを入力することで、「お客様の身になって行動する」の文字列の先頭で位置揃えができます。

②角丸四角形の外枠をクリックし、［ホーム］タブの ☰ ［左揃え］ボタンをクリックします。

③［表示］タブの［ルーラー］チェックボックスをオンにします。

④角丸四角形内をクリックして、画面左上に ⌐ ［左揃えタブ］が表示されていることを確認し、水平ルーラーの［6］あたりをクリックします。

9.

①角丸四角形の外枠をクリックし、［ホーム］タブの ＭＳ Ｐゴシック▾ ［フォント］ボックスの▼をクリックして、［HGP創英角ゴシックUB］をクリックします。

②「顧客第一」の文字列をドラッグして選択し、［ホーム］タブの 18 ▾ ［フォントサイズ］ボックスの▼をクリックして、［36］をクリックします。

③［ホーム］タブの A▾ ［フォントの色］ボタンの▼をクリックして、［標準の色］の［濃い赤］（左端）をクリックします。

④「お客様の身になって行動する」の文字列をドラッグして選択し、［ホーム］タブの 18 ▾ ［フォントサイズ］ボックスの▼をクリックして、［28］をクリックします。

⑤［ホーム］タブの A▾ ［フォントの色］ボタンの▼をクリックして、［テーマの色］の［黒、テキスト1］（1行目、左から2番目）をクリックします。

10.

①角丸四角形の外枠を右クリックし、ショートカットメニューの［図形の書式設定］をクリックします。

②［図形の書式設定］作業ウィンドウの［文字のオプション］をクリックし、A≣ ［テキストボックス］をクリックします。

③［左余白］ボックスに任意の数値（完成例では2.6cm）を設定し、完成例を参考に文字列の位置を調整し、［図形の書式設定］作業ウィンドウの ✕ 閉じるボタンをクリックします。

11.

①［挿入］タブの ［図形］ボタンをクリックして、［基本図形］の ○ ［楕円］をクリックします。

②マウスポインターが＋になるので、完成例を参考にShiftキーを押しながらドラッグして円を描きます。

③[ホーム]タブの 🖌図形の塗りつぶし▾ [図形の塗りつぶし]ボタンをクリックして、[テーマの色]の[青、アクセント1、白＋基本色40%]（上から4行目、左から5番目）をクリックします。

④[ホーム]タブの 🖉図形の枠線▾ [図形の枠線]ボタンをクリックして、[テーマの色]の[青、アクセント1、黒＋基本色50%]（上から6行目、左から5番目）をクリックします。

⑤[ホーム]タブの 🖉図形の枠線▾ [図形の枠線]ボタンをクリックして、[太さ]をポイントして[0.5]をクリックします。

12.

①円をクリックして「1」と入力します。

②円の外枠をクリックし、[ホーム]タブの MS Pゴシック ▾ [フォント]ボックスの▼をクリックして、[HGP創英角ゴシックUB]をクリックします。

③[ホーム]タブの 18 ▾ [フォントサイズ]ボックスの▼をクリックして、[36]をクリックします。

④[ホーム]タブの A▾ [フォントの色]ボタンの▼をクリックして、[テーマの色]の[黒、テキスト1]（1行目、左から2番目）をクリックします。

13.

①完成例を参考に、円をドラッグして移動し、角丸四角形の左端に重ねます。

②Shiftキーを押しながら円のいずれかの○ハンドルをドラッグして大きさを調整します。

14.

①**7**～**13**で描いた角丸四角形と円を囲むようにドラッグして複数選択します。

②Ctrl＋Shiftキーを押しながら角丸四角形と円をドラッグして、下にコピーします。

③手順②と同様の操作で、もう1つコピーして、縦に3つ並べます。

15.

①完成例を参考に、2つ目、3つ目の円と角丸四角形内の文字列を修正します。

②必要に応じて、角丸四角形の枠内をクリックし、説明文の先頭を揃えたい位置をクリックして、ルーラーの左揃えタブ位置を設定します。

③3つの図形内の説明文の先頭が揃うように、ルーラー上に表示されているタブをドラッグして位置を調整します。

> ルーラーを非表示にするときは、[表示]タブの[ルーラー]チェックボックスをオフにします。

基礎問題 4 告知（社内英会話講座のお知らせ）

テーマ「レトロスペクト」でプレゼンテーションを新規作成します。

1.

①[デザイン]タブの 🖵 [スライドのサイズ]ボタンをクリックして[標準(4:3)]をクリックし、[Microsoft PowerPoint]ダイアログボックスの[最大化]をクリックします。

2.

①[デザイン]タブの[バリエーション]の ▾ [その他]（または[バリエーション]）ボタンをクリックし、[配色]をポイントして[デザート]をクリックします。

3.

①[デザイン]タブの[バリエーション]の ▾ [その他]（または[バリエーション]）ボタンをクリックし、[フォント]をポイントして[Franklin Gothic]をクリックします。

4.

①[ホーム]タブの □レイアウト▾ [レイアウト]ボタンをクリックして、[タイトルのみ]をクリックします。

5.

①完成例を参考に、タイトルを入力します。

6.

①[挿入]タブの 🖳 [図形]ボタンをクリックして、[四角形]の □ [四角形:角を丸くする]をクリックします。

②マウスポインターが＋になるので、完成例を参考に角丸四角形を描きます。

③[ホーム]タブの 🖳 [クイックスタイル]ボタンをクリックして、[パステル－オレンジ、アクセント2]（上から4行目、左から3番目）をクリック

します。

7.

①完成例を参考に、角丸四角形に文字列を入力します。

②角丸四角形の外枠をクリックし、[ホーム]タブの 18 ▾ [フォントサイズ]ボックスの▼をクリックして、[36]をクリックします。

8.

①[挿入]タブの ▦ [表]ボタンをクリックして、[表の挿入]で6行×2列をドラッグします。

②完成例を参考に、表をドラッグして角丸四角形の下に配置します。

③完成例を参考に、表のいずれかの ○ ハンドルをドラッグして大きさを調整します。

④完成例を参考に、列の境界線をドラッグして列幅を調整します。

9.

①表の外枠をクリックし、[テーブルデザイン]タブの[タイトル行]チェックボックスをオフにします。

②[テーブルデザイン]タブの[表のスタイル]の ▼ [その他](または[テーブルスタイル])ボタンをクリックして、[淡色]の[淡色スタイル1－アクセント1](1行目、左から2番目)をクリックします。

10.

①完成例を参考に、表内に文字列を入力します。

②表の外枠をクリックし、[ホーム]タブの 18 ▾ [フォントサイズ]ボックスの▼をクリックして、[24]をクリックします。

11.

①[挿入]タブの ▦ [テキストボックス]ボタンをクリックします。

②マウスポインターが ↓ になるので、完成例を参考に表の下をクリックして文字列を入力します。

③「教育部HP」をドラッグして選択し、[ホーム]タブの A▾ [フォントの色]ボタンの▼をクリックして、[標準の色]の[濃い赤](左端)をクリックします。

④「先着順」をドラッグして選択し、[ホーム]タブの A▾ [フォントの色]ボタンの▼をクリックして、[標準の色]の[濃い赤](左端)をクリックします。

12.

①テキストボックスをクリックし、[ホーム]タブの 図形の塗りつぶし▾ [図形の塗りつぶし]ボタンをクリックして、[テーマの色]の[オレンジ、アクセント2、白＋基本色80%](上から2行目、左から6番目)をクリックします。

応用
問題 **5** 掲示（上半期売上高一覧）

1. テーマ「トリミング」で新規プレゼンテーションを作成します。

2. スライドのサイズを変更します。

①[デザイン]タブの ▢ [スライドのサイズ]ボタンをクリックして[標準(4:3)]をクリックし、[Microsoft PowerPoint]ダイアログボックスの[最大化]をクリックします。

3. スライドのレイアウトを変更します。

①[ホーム]タブの ▤ レイアウト▾ [レイアウト]ボタンをクリックして、[タイトルとコンテンツ]をクリックします。

4. タイトルを入力します。

①スライドのタイトルに「上半期売上高一覧」と入力します。

5. グラフを作成します。

①コンテンツプレースホルダーの ▮ [グラフの挿入]をクリックします。

②[グラフの挿入]ダイアログボックスの左側のボックスで[横棒]をクリックし、[集合横棒]が選択されているのを確認して[OK]をクリックします。

③自動的に[Microsoft PowerPoint内のグラフ]ウインドウが起動するので、問題文を参照してデータを[Microsoft PowerPoint内のグラフ]ウインドウに入力します。

④グラフ化される対象範囲の右下にマウスポインターを合わせてドラッグし、入力したデータに合わせてドラッグして対象範囲を変更します。

⑤[Microsoft PowerPoint内のグラフ]ウインドウの ✕ 閉じるボタンをクリックします。

⑥グラフの外枠の ○ ハンドルをドラッグして、完成例を参考にグラフの大きさを調整します。

⑦グラフタイトルをクリックして選択し、Deleteキーを押します。

⑧凡例をクリックして選択し、Deleteキーを押しま

す。

⑨縦（項目）軸を右クリックして、ショートカット
メニューの［軸の書式設定］をクリックします。

⑩［軸の書式設定］作業ウィンドウの［軸のオプショ
ン］の［軸を反転する］チェックボックスをオン
にします。

⑪系列（棒グラフの棒）をクリックします。

⑫［データ系列の書式設定］作業ウィンドウの［系列
のオプション］の［要素の間隔］ボックスの▼を
クリックして［90%］に設定します。

⑬ 🪣 ［塗りつぶしと線］をクリックし、［塗りつぶし］
をクリックします。

⑭［色］の 🪣▾ ［塗りつぶしの色］ボタンの▼をクリッ
クして、［テーマの色］の［ゴールド、アクセント
2］（1行目、左から6番目）をクリックします。

⑮［データ系列の書式設定］作業ウィンドウの ✕ 閉
じるボタンをクリックします。

⑯ ➕ ［グラフ要素］をクリックして、［データラベル］
チェックボックスをオンにし、▶をクリックして
［内側］をクリックします。

⑰データラベルをクリックして、［ホーム］タブの
18 ▾ ［フォントサイズ］ボックスの▼をクリッ
クして、［20］をクリックします。

⑱［横（値）軸］をクリックして、［ホーム］タブの
18 ▾ ［フォントサイズ］ボックスの▼をクリッ
クして、［18］をクリックします。

⑲縦（項目）軸をクリックし、［ホーム］タブの
18 ▾ ［フォントサイズ］ボックスの▼をクリッ
クして、［20］をクリックします。

6. 単位を記入します。

①［挿入］タブの 🅰 ［テキストボックス］ボタンを
クリックします。

②マウスポインターが ↓ になるので、任意の位置を
クリックして「単位：万円」と入力します。

③完成例を参考に、テキストボックスをドラッグし
て位置を調整します。

7. 目標値を追記します。

①［挿入］タブの 📷 ［図形］ボタンをクリックして、
［線］の ╲ ［線］をクリックし、完成例を参考に
直線を描きます。

②［図形の書式］タブの ✏図形の枠線▾ ［図形の枠線］
ボタンの▼をクリックして、［太さ］をポイントし
て［4.5］をクリックします。

③［図形の書式］タブの ✏図形の枠線▾ ［図形の枠線］
ボタンの▼をクリックして、［標準の色］の［濃い

赤］（左端）をクリックします。

④［挿入］タブの 🅰 ［テキストボックス］ボタンを
クリックします。

⑤マウスポインターが ↓ になるので、任意の位置を
クリックして「目標値」と入力します。

⑥完成例を参考に、テキストボックスをドラッグし
て位置を調整します。

8. イラストとコメントを入力します。

①［挿入］タブの 📷 ［図形］ボタンをクリックして、
［四角形］の ▢ ［四角形：角を丸くする］をクリッ
クし、完成例を参考に角丸四角形を描きます。

②［ホーム］タブの 🎨図形の塗りつぶし▾ ［図形の塗りつぶ
し］ボタンをクリックして、［テーマの色］の［ゴー
ルド、アクセント2、白＋基本色40%］（上から4
行目、左から6番目）をクリックします。

③［ホーム］タブの 🎨図形の効果▾ ［図形の効果］ボタ
ンをクリックして、［標準スタイル］をポイントし
て［標準スタイル］の［標準スタイル7］（上から
2行目、左から3番目）をクリックします。

④完成例を参考に、角丸四角形に文字列を入力しま
す。

⑤角丸四角形をクリックし、［ホーム］タブの 🅰▾
［フォントの色］ボタンの▼をクリックして、［テー
マの色］の［黒、テキスト1］（1行目、左から2番目）
をクリックします。

⑥［ホーム］タブの 18 ▾ ［フォントサイズ］ボッ
クスの▼をクリックして、［24］をクリックします。

応用問題 6 告知（セミナーのご案内）

1. テーマ「ファセット」で新規プレゼンテーショ
ンを作成します。

2. スライドのサイズを変更します。

①［デザイン］タブの 🖥 ［スライドのサイズ］ボ
タンをクリックして［標準(4:3)］をクリックし、
［Microsoft PowerPoint］ダイアログボックス
の［最大化］をクリックします。

3. バリエーションの配色を変更します。

①［デザイン］タブの［バリエーション］の ▼ ［そ
の他］（または［バリエーション］）ボタンをクリッ
クし、［配色］をポイントして［赤紫］をクリック
します。

4. スライドマスターを編集します。

①[表示]タブの [スライドマスター]ボタンを
クリックします。

②画面左側の一覧で[スライドマスター](一番上)
をクリックします。

③「マスタータイトルの書式設定」と表示されてい
るプレースホルダーの下部中央の○ハンドルをド
ラッグして高さを縮小します。

④「マスターテキストの書式設定」と表示されてい
るプレースホルダーの上部中央の○ハンドルをド
ラッグして高さを拡張します。

⑤「マスターテキストの書式設定」という文字列をド
ラッグして選択し、[ホーム]タブの 18 ▼ [フォ
ントサイズ]ボックスの▼をクリックして、[28]
をクリックします。

⑥「第2レベル」という文字列をドラッグして選択し、
[ホーム]タブ 18 ▼ [フォントサイズ]ボッ
クスの▼をクリックして、[20]をクリックします。

⑦[スライドマスター]タブの [マスター表示を
閉じる]ボタンをクリックします。

5. スライドのレイアウトを変更します。

①[ホーム]タブの レイアウト [レイアウト]ボタン
をクリックして、[タイトルとコンテンツ]をクリッ
クします。

6. タイトルと箇条書きを入力します。

①スライドのタイトルに「PowerPointセミナーの
ご案内」と入力します。

②完成例を参考に、箇条書きの文字列を入力します。

③必要に応じて、箇条書きのレベルを変更したい行
をドラッグして選択し、[ホーム]タブの [イ
ンデントを増やす]ボタンをクリックします（完
成例では、「内容」のあとの3項目（4行）を1段
階変更して第2レベルにしています）。

7. イラストとコメントを入力します。

①[挿入]タブの [画像]ボタンをクリックし、[画
像の挿入元]の[このデバイス...]をクリックし
ます。

②[図の挿入]ダイアログボックスで実習用データの
画像ファイル「人物」をクリックして、[挿入]を
クリックします。

③完成例を参考に、挿入した画像をドラッグして配
置します。

④必要に応じて、画像のいずれかの○ハンドルにマ
ウスポインターを合わせ、ドラッグして大きさを
調整します。

⑤[挿入]タブの [図形]ボタンをクリックして、
[吹き出し]の [吹き出し:角を丸めた四角形]
をクリックし、完成例を参考に角丸四角形の吹き
出しを描きます。

⑥[ホーム]タブの [クイックスタイル]ボタン
をクリックして、[テーマスタイル]の[光沢－ピ
ンク、アクセント1]（上から6行目、左から2番目）
をクリックします。

⑦[ホーム]タブの 図形の塗りつぶし ▼ [図形の塗りつぶ
し]ボタンをクリックして、[テーマの色]の[ピ
ンク、アクセント1、白＋基本色80%]（上から2
行目、左から5番目）をクリックします。

⑧完成例を参考に、角丸四角形の吹き出しに文字列
を入力します。

⑨角丸四角形の吹き出しの外枠をクリックし、[ホー
ム]タブの [フォントの色]ボタンの▼をク
リックして、[テーマの色]の[黒、テキスト1]（1
行目、左から2番目）をクリックします。

8. 申込・問合せ先を入力します。

①[挿入]タブの [図形]ボタンをクリックして、
[四角形]の [四角形:角を丸くする]をクリッ
クし、完成例を参考に角丸四角形を描きます。

②[ホーム]タブの [クイックスタイル]ボタン
をクリックして、[テーマスタイル]の[枠線のみ
－ピンク、アクセント1]（1行目、左から2番目）
をクリックします。

③完成例を参考に、角丸四角形に文字列を入力しま
す。

| 応用問題 | **7** | **ポスター（海外業務研修生募集）** |

1. 新規プレゼンテーションを作成します。

2. スライドのサイズを変更します。

①[デザイン]タブの [スライドのサイズ]ボタ
ンをクリックして[標準(4:3)]をクリックします。

3. スライドの背景を設定します。

①[デザイン]タブの [背景の書式設定]ボタン
をクリックして、[背景の書式設定]作業ウィンド
ウの[塗りつぶし]の[塗りつぶし（単色）]が選
択されていることを確認します。

②[色]の ▼ [塗りつぶしの色]ボタンの▼をクリッ
クして、[テーマの色]の[ゴールド、アクセント
4、白＋基本色80%]（上から2行目、左から8番目）

をクリックします。

③ [背景の書式設定] 作業ウィンドウの ☒ 閉じるボタンをクリックします。

4. スライドのレイアウトを変更します。

① [ホーム] タブの ▦レイアウト▾ [レイアウト] ボタンをクリックして、[白紙] をクリックします。

5. 右矢印を描いて編集します。

① [挿入] タブの ⬡図形 [図形] ボタンをクリックして、[ブロック矢印] の ⇨ [矢印:右] をクリックし、完成例を参考に右矢印を描きます。

②完成例を参考に、右矢印の ↻ 回転ハンドルをドラッグして左下から右上に向かう任意の角度に回転します。

③ [ホーム] タブの ✏クイックスタイル [クイックスタイル] ボタンをクリックして、[テーマスタイル] の [パステル－ゴールド、アクセント4] (上から4行目、左から5番目) をクリックします。

6. ワードアートを挿入して編集します。

① [挿入] タブの 🄰ワードアート [ワードアート] ボタンをクリックして、[塗りつぶし:オレンジ、アクセントカラー 2;輪郭:オレンジ、アクセントカラー 2] (1行目、左から3番目) をクリックします。

②「ここに文字を入力」が選択されていることを確認し、「海外業務研修生募集」と入力し、Enterキーを押して「やる気のある社員求む！」と入力します。

③「海外業務研修生募集」をドラッグして選択し、[ホーム] タブの [18] [フォントサイズ] ボックスの▼をクリックして、[72] をクリックします。

④ワードアートの外枠をクリックし、[図形の書式] タブの 🄰▾ [文字の塗りつぶし] ボタンの▼をクリックして、[標準の色] の [濃い赤] (左端)をクリックします。

⑤完成例を参考に、ワードアートの外枠にマウスポインターを合わせ、ドラッグして位置を調整します。

7. 写真を挿入して編集します。

① [挿入] タブの 🖼画像 [画像] ボタンをクリックし、[画像の挿入元] の [このデバイス...] をクリックします。

② [図の挿入] ダイアログボックスで実習用データの画像ファイル「風景1」をクリックして、[挿入] をクリックします。

③完成例を参考に、挿入した画像をドラッグして配

置します。

④必要に応じて、画像のいずれかの ○ ハンドルにマウスポインターを合わせ、ドラッグして大きさを調整します。

⑤手順①～④と同様の操作で、画像ファイル「風景2」と「風景3」を挿入して、合計3つの画像をスライドに貼り付けます。

⑥3つの画像を囲むようにドラッグし、画像の上で右クリックして、ショートカットメニューの [グループ化] をポイントして [グループ化] をクリックします。

⑦ [図の形式] タブの [図のスタイル] の ▾ [その他] (または [クイックスタイル]) ボタンをクリックして、[四角形、背景の影付き] (上から2行目、左から6番目) をクリックします。

8. 表を挿入して編集します。

① [挿入] タブの ▦表 [表] ボタンをクリックして、[表の挿入] で4行×2列をドラッグします。

② [テーブルデザイン] タブの [タイトル行] チェックボックスをオフにします。

③ [テーブルデザイン] タブの [表のスタイル] の ▾ [その他] (または [テーブルスタイル]) ボタンをクリックして、[中間] の [中間スタイル 4－アクセント2] (上から4行目、左から3番目) をクリックします。

④完成例を参考に、表の外枠をドラッグして位置を移動し、任意の ○ ハンドルをドラッグして大きさを調整します。

⑤完成例を参考に、列の境界線をドラッグして列幅を調整します。

⑥完成例を参考に、表に文字列を入力します。

⑦表の外枠をクリックし、[ホーム] タブの B [太字] ボタンをクリックします。

9. テキストボックスを挿入して編集します。

① [挿入] タブの 📝テキストボックス [テキストボックス] ボタンをクリックして、マウスポインターが ↓ になるので、任意の位置をクリックして「1/31応募締切 2月面接 3/1合格発表」と入力します。

②テキストボックスの外枠をクリックし、[ホーム] タブの [18] [フォントサイズ] ボックスの▼をクリックして、[32] をクリックします。

③ [ホーム] タブの 🄰▾ [フォントの色] ボタンの▼をクリックして、[標準の色] の [濃い赤] (左端) をクリックします。

④ [ホーム] タブの B [太字] ボタンをクリックし

ます。

⑤[挿入] タブの [テキストボックス] ボタンを
クリックして、マウスポインターが ↓ になるので、
任意の位置をクリックして問合せ先の情報を入力
します。

⑥テキストボックスの外枠をクリックし、[ホーム]
タブの [B] [太字] ボタンをクリックします。

⑦完成例を参考に、テキストボックスの外枠にマウ
スポインターを合わせ、ドラッグして位置を調整
します。

応用問題 8 掲示（病院待合室ディスプレイ）

1. テーマ「フレーム」で新規プレゼンテーション
を作成します。

2. バリエーションの配色を変更します。
①[デザイン] タブの [バリエーション] の [▼] [そ
の他]（または [バリエーション]）ボタンをクリッ
クし、[配色] をポイントして [黄色がかったオレ
ンジ] をクリックします。

3. バリエーションのフォントを変更します。
①[デザイン] タブの [バリエーション] の [▼] [そ
の他]（または [バリエーション]）ボタンをクリッ
クし、[フォント] をポイントして [Calibri] を
クリックします。

4. スライドマスターを編集します。
①[表示] タブの [スライドマスター] ボタンを
クリックします。
②画面左側の一覧で [スライドマスター]（一番上）
をクリックします。
③「マスターテキストの書式設定」と表示されている
プレースホルダーの外枠をクリックし、[ホーム]
タブの [文字の配置▾] [文字の配置] ボタンをクリッ
クして、[上揃え] をクリックします。
④[ホーム] タブの [18 ▾] [フォントサイズ] ボッ
クスの▼をクリックして、[32] をクリックします。
⑤[スライドマスター] タブの [マスター表示を
閉じる] ボタンをクリックします。

5. スライドを3枚追加します。
①[ホーム] タブの [新しいスライド] ボタンを
3回クリックします。

6. 1枚目のスライドを作成します。
①1枚目のスライドをクリックします。
②タイトルに「人間ドックの」と入力し、Enterキー
を押して「ご案内」と入力します。
③サブタイトルに「ABC病院」と入力します。

7. 2枚目のスライドを作成します。
①2枚目のスライドをクリックします。
②完成例を参考に、タイトルを入力します。
③完成例を参考に、コンテンツプレースホルダーに
文字列を入力します。

> 段落改行（段落を変えて改行する）はEnterキー、
> 改行（段落を変えずに改行する）はShift+Enterキ
> ーです。必要に応じて使い分けて、読みやすくしま
> しょう。完成例では、箇条書きの「40歳を過ぎたら
> …」の後では段落を変えたくないので改行していま
> す。

④コンテンツプレースホルダーの下部中央の ○ ハン
ドルをドラッグして高さを縮小します。
⑤[挿入] タブの [図形] ボタンをクリックして、
[四角形] の [四角形:角を丸くする] をクリッ
クし、完成例を参考に角丸四角形を描いて文字列
を入力します。
⑥角丸四角形をクリックし、[ホーム] タブの [ク
イックスタイル] ボタンをクリックして、[パステ
ルーオレンジ、アクセント1]（上から4行目、左
から2番目）をクリックします。
⑦[ホーム] タブの [18 ▾] [フォントサイズ] ボッ
クスの▼をクリックして、[32] をクリックします。
⑧角丸四角形をCtrlキーを押しながら下方向ヘド
ラッグして、あと2つコピーし、完成例を参考に
文字列を修正します。
⑨3つの角丸四角形を囲むようにドラッグし、[アニ
メーション] タブの [アニメーション] の [▼] [そ
の他]（または [アニメーションスタイル]）ボタ
ンをクリックして、[開始] の [フェード] をクリッ
クします。
⑩[アニメーション] タブの [開始: クリック時 ▾] [開
始] ボックスの▼をクリックして、[クリック時]
をクリックします。

8. 3枚目のスライドを作成します。
①3枚目のスライドをクリックします。
②完成例を参考に、タイトルを入力します。
③完成例を参考に、コンテンツプレースホルダーに
文字列を入力します。

④コンテンツプレースホルダーの外枠をクリックし、[アニメーション]タブの[アニメーション]の▼[その他](または[アニメーションスタイル])ボタンをクリックして、[強調]の[パルス]をクリックします。

9. 4枚目のスライドを作成します。
①4枚目のスライドをクリックします。
②完成例を参考に、タイトルを入力します。
③完成例を参考に、コンテンツプレースホルダーに文字列を入力します。
④完成例を参考に、コンテンツプレースホルダーの右下の○ハンドルをドラッグして大きさを調整します。
⑤コンテンツプレースホルダーの外枠をクリックし、[アニメーション]タブの[アニメーション]の▼[その他](または[アニメーションスタイル])ボタンをクリックして、[強調]の[パルス]をクリックします。
⑥2枚目のスライドをクリックし、角丸四角形を1つクリックして、[ホーム]タブの[コピー]ボタンをクリックします。
⑦4枚目のスライドをクリックして、[ホーム]タブの[貼り付け]ボタンをクリックします。
⑧完成例を参考に、角丸四角形に文字列を入力して、ドラッグして位置や大きさを調整します。

10. 画面切り替えを設定します。
①[画面切り替え]タブの[画面切り替え]の▼[その他](または[切り替え効果])ボタンをクリックして、[ワイプ]をクリックします。
②[画面切り替え]タブの[すべてに適用]ボタンをクリックします。

11. リハーサルを実行してタイミングを保存します。
①[スライドショー]タブの[リハーサル]ボタンをクリックして、任意のタイミングでスライドショーを実行します。
②最後のスライドまで終了すると、「スライドショーの所要時間はXXです。今回のタイミングを保存しますか?」とメッセージが表示されるので、[はい]をクリックします。

12. 自動プレゼンテーションにします。
①[スライドショー]タブの[スライドショーの設定]ボタンをクリックします。
②[スライドショーの設定]ダイアログボックスの[種類]の[自動プレゼンテーション(フルスクリーン表示)]をクリックして、[OK]をクリックします。

第2章
パンフレット・説明

基礎問題 9 パンフレット（セミナー案内）

テーマ「ギャラリー」でプレゼンテーションを新規作成します。

1.

①[デザイン] タブの [スライドのサイズ] ボタンをクリックして [標準(4:3)] をクリックし、[Microsoft PowerPoint] ダイアログボックスの [最大化] をクリックします。

2.

①[ホーム] タブの [レイアウト] [レイアウト] ボタンをクリックして、[白紙] をクリックします。

3.

①[挿入] タブの [ワードアート] ボタンをクリックして、[塗りつぶし:赤、アクセントカラー 1;影]（1行目、左から2番目）をクリックします。

②スライド内に「ここに文字を入力」と表示されたワードアートが挿入されたら、「経営者向け」と入力し、Enterキーを押して「企業価値向上セミナー」と入力します。

4.

①ワードアートの外枠をクリックして、[ホーム] タブの B [太字] ボタンをクリックします。

②ワードアートの「経営者向け」をドラッグして選択し、[ホーム] タブの 18 [フォントサイズ] ボックスの▼をクリックして、[36] をクリックします。

③完成例を参考に、ワードアートの外枠にマウスポインターを合わせ、ドラッグして位置を調整します。

5.

①[挿入] タブの [図形] ボタンをクリックして、[線] の [線] をクリックし、完成例を参考にワードアートのすぐ下にドラッグして直線を引きます。

6.

①実習用データのWordファイル「セミナーパンフレット内容」をダブルクリックして開いて、1～

12行目（20××年～ 1234-5678）をドラッグして選択し、[ホーム] タブの [コピー] ボタンをクリックします。

②PowerPointの [挿入] タブの [テキストボックス] ボタンをクリックし、マウスポインターが ↓ になるので、任意の位置をクリックします。

③[ホーム] タブの [貼り付け] ボタンの▼をクリックして、[貼り付けオプション] の [テキストのみ保持] をクリックします。

7.

①6のテキストボックス内の1～2行目をドラッグして選択し、[ホーム] タブの 18 [フォントサイズ] ボックスの▼をクリックして、[36] をクリックします。

②手順①と同様の操作で、3～4行目を24ポイント、10～12行目を14ポイントにします。

③10行目をドラッグして選択し、[ホーム] タブの B [太字] ボタンをクリックします。

④[ホーム] タブの A [フォントの色] ボタンの▼をクリックして、[テーマの色] の [赤、アクセント1]（1行目、左から5番目）をクリックします。

⑤完成例を参考に、テキストボックスの外枠にマウスポインターを合わせ、ドラッグして位置を調整します。

8.

①Wordファイル「セミナーパンフレット内容」の14～27行目（EFG工業～最後まで）をドラッグして選択し、[ホーム] タブの [コピー] ボタンをクリックします。

②PowerPointの [挿入] タブの [テキストボックス] ボタンをクリックし、マウスポインターが ↓ になるので、任意の位置をクリックします。

③[ホーム] タブの [貼り付け] ボタンの▼をクリックして、[貼り付けオプション] の [テキストのみ保持] をクリックします。

9.

①8のテキストボックスの外枠をクリックし、[ホーム] タブの 18 [フォントサイズ] ボックスの▼をクリックして、[14] をクリックします。

②テキストボックス内の1～2行目をドラッグして選択し、[ホーム] タブの 18 [フォントサイズ] ボックスの▼をクリックして、[20] をクリックします。

③[ホーム] タブの B [太字] ボタンをクリックし

90

ます。

④手順②~③と同様の操作で、7~8行目、13~
14行目も20ポイント、太字にします。

⑤2行目をドラッグして選択し、[ホーム] タブの
　△・ [フォントの色] ボタンの▼をクリックして、
[テーマの色] の [赤、アクセント1]（1行目、左
から5番目）をクリックします。

⑥手順⑤と同様の操作で、8行目、14行目のフォン
トの色を [赤、アクセント1] にします。

⑦完成例を参考に、テキストボックスの外枠にマウ
スポインターを合わせ、ドラッグして位置と大き
さを調整します。

10.

①[挿入] タブの　[図形] ボタンをクリックして、
[基本図形] の ○ [楕円] をクリックします。

②完成例を参考に、Shiftキーを押しながらドラッグ
して円を描きます。

③円をクリックして、「事例1」と入力します。

④円の外枠をクリックして、[ホーム] タブの B [太
字] ボタンをクリックします。

⑤Shiftキーを押しながら手順②で描いた円をドラッ
グしてコピーします。

⑥手順⑤と同様の操作で、円をコピーして3つの円
にします。

⑦2つ目、3つ目の円の文字列をそれぞれ「事例2」
と「事例2」に修正します。

11.

①3つの円を囲むようにドラッグして複数選択し、
[ホーム] タブの　[クイックスタイル] ボタン
をクリックして、[テーマスタイル] の [光沢－赤、
アクセント1]（上から6行目、左から2番目）を
クリックします。

基礎問題 10 案内（研修のご案内）

テーマ「配当」でプレゼンテーションを新規作成し
ます。

1.

①[デザイン] タブの [バリエーション] の ▼ [そ
の他]（または [バリエーション]）ボタンをクリッ
クし、[配色] をポイントして [オレンジがかった
赤] をクリックします。

2.

①[デザイン] タブの [バリエーション] の ▼ [そ
の他]（または [バリエーション]）ボタンをク
リックし、[フォント] をポイントして [Tw Cen
MT] をクリックします。

3.

①[ホーム] タブの　[新しいスライド] ボタンを
2回クリックします。

4.

①1枚目のスライドをクリックして、完成例を参考
にタイトルとサブタイトル（社名・所属名を記入）
を入力します。

5.

①2枚目のスライドをクリックして、完成例を参考
にタイトルと箇条書きの文字列を入力します。

②2行目の「下記のとおりにご参加ください。」の後
ろでShift+Enterキーを押します。

> 同じ段落の中で改行するにはShift+Enterキーを押
> します。この問題では、2枚目のスライドの1行目の
> 「…必須研修です。」の後ろや、9行目の「…欠席は
> 認めません。」の後ろで改行しています。

③4行目の「日程」から7行目の「事前課題」までの
4行をドラッグして選択します。

④[ホーム] タブの　[インデントを増やす] ボタ
ンをクリックします。

⑤9行目の「原則として欠席は認めません。…」の
段落の中をクリックして、[ホーム] タブの　[イ
ンデントを増やす] ボタンを2回クリックします。

6.

①3枚目のスライドをクリックして、完成例を参考
にタイトルと箇条書きの文字列を入力します。

7.

①コンテンツプレースホルダーの下部中央の ○ ハン
ドルをドラッグして高さを縮小します。

> 文字が自動調整されて小さくならない程度にします。

8.

①実習用データのファイル「教育施設のご案内」を
ダブルクリックして開きます。

②2枚目のスライドをクリックします。

③完成例を参考に、チャートの必要な部分を囲むようにドラッグし、[**ホーム**] タブの 🗎 [**コピー**] ボタンをクリックします。

④現在作成しているPowerPointプレゼンテーションの3枚目のスライドをクリックします。

⑤[**ホーム**] タブの 📋 [**貼り付け**] ボタンの▼をクリックして、[**形式を選択して貼り付け**] をクリックします。

⑥[**形式を選択して貼り付け**] ダイアログボックスの [**貼り付ける形式**] ボックスの [**図（Windowsメタファイル）**] をクリックして、[**OK**] をクリックします。

9.

①完成例を参考に、貼り付けたチャートの四隅のいずれかの ○ ハンドルにマウスポインターを合わせ、ドラッグして大きさを調整します。

②完成例を参考に、チャートをドラッグして移動し、位置を調整します。

10.

①[**挿入**] タブの 🗛 [**テキストボックス**] ボタンをクリックします。

②マウスポインターが ↓ になるので、完成例を参考に文字列を入力する場所をクリックして、文字列を入力します。

11.

①現在作成しているPowerPointプレゼンテーションの [**表示**] タブの [**スライド一覧**] ボタンをクリックします。

②ファイル「教育施設のご案内」を表示して、[**表示**] タブの 🗔 [**スライド一覧**] ボタンをクリックします。

③[**表示**] タブの 🗗並べて表示 [**並べて表示**] ボタンをクリックします。

> 現在作成しているPowerPointプレゼンテーションとファイル「教育施設のご案内」が左右に並んで表示されます。

④ファイル「教育施設のご案内」の5枚目のスライド「みなとみらい研修センター」を、Ctrlキーを押しながら現在作成しているPowerPointプレゼンテーションの3枚目のスライドの後ろにドラッグします。

12.

①**11**の手順③と同様の操作で、PowerPointファイル「教育施設のご案内」の3枚目のスライド「研修所ご利用ルール」を、現在作成しているPowerPointプレゼンテーションの4枚目のスライドの後ろにドラッグします。

13.

①ファイル「教育施設のご案内」の6枚目のスライド「研修所　主な備え付け品」をダブルクリックします。

②完成例を参考に、チャートやイラストの必要な部分を囲むようにドラッグし、[**ホーム**]タブの 🗎 [**コピー**] ボタンをクリックします。

③現在作成しているPowerPointプレゼンテーションの5枚目のスライドをクリックします。

④[**ホーム**] タブの 📋 [**貼り付け**] ボタンの▼をクリックして、[**貼り付けのオプション**] の 🗎 [**貼り付け先のテーマを使用**] をクリックします。

⑤必要に応じて、貼り付けたチャートやイラストをドラッグして位置を調整します。

基礎問題 11 案内（新卒採用のご案内）

テーマ「ファセット」でプレゼンテーションを新規作成します。

1.

①[**デザイン**] タブの [**バリエーション**] の ▼ [**その他**]（または [**バリエーション**]）ボタンをクリックし、[**配色**] をポイントして [**暖かみのある青**] をクリックします。

2.

①[**ホーム**] タブの 🗍 [**新しいスライド**] ボタンを2回クリックします。

3.

①[**表示**] タブの 🗔 [**スライドマスター**] ボタンをクリックします。

②画面左側の一覧で [**スライドマスター**]（一番上）をクリックします。

③「マスターテキストの書式設定」と表示されているコンテンツプレースホルダーの外枠をクリックします。

④[**ホーム**] タブの 18 ▾ [**フォントサイズ**] ボックスの▼をクリックして、[**28**] をクリックします。

4.

①「マスターテキストの書式設定」と表示されている
コンテンツプレースホルダーの「第2レベル」の
左側をクリックして、第2レベル～第5レベルまで
をドラッグして選択します。

②[ホーム] タブの 📋 [箇条書き] ボタンの▼を
クリックして、[塗りつぶしの丸の行頭文字] をク
リックします。

5.

①スライドの下部にある、フッター、日付、スライ
ド番号のプレースホルダーをすべて囲むようにド
ラッグします。

②[ホーム] タブの 18 ▼ [フォントサイズ] ボッ
クスの▼をクリックして、[16]をクリックします。

③今日の日付が表示されているプレースホルダーの
幅を、日付が折り返されずに表示されるようにド
ラッグして調整します。

6.

①[挿入] タブの 🖼 [画像] ボタンをクリックし、[画
像の挿入元] の [このデバイス...] をクリックし
ます。

②[図の挿入] ダイアログボックスで実習用データの
画像ファイル「問題11_ロゴ」をクリックして、[挿
入] をクリックします。

③完成例を参考に、ロゴの位置と大きさをドラッグ
して調整します。

④[ホーム] タブの 📋 [コピー] ボタンをクリック
します。

⑤[タイトルスライド] レイアウト（上から2番目）
をクリックして、[ホーム] タブの 📋 [貼り付け]
ボタンをクリックします。

⑥[スライドマスター] タブの 🔲 [マスター表示を
閉じる] ボタンをクリックします。

7.

①[挿入] タブの 📄 [ヘッダーとフッター] ボタン
をクリックします。

②[ヘッダーとフッター] ダイアログボックスの [日
付と時刻]、[スライド番号]、[フッター] のチェッ
クボックスをオンにします。

③[日付と時刻] の [自動更新] が選択されているこ
とを確認します。

④[フッター] ボックスに「©ABC Solutions All
rights reserved.」と入力します。

> ©マークは「ちょさくけん」と入力して変換します。

⑤[すべてに適用] をクリックします。

8.

①1枚目のスライドをクリックして、完成例を参考
にタイトルとサブタイトル（社名）を入力します。

9.

①2枚目のスライドをクリックして、完成例を参考
にタイトルと文字列を入力します。

②「総合職（営業、SE、技術）」をクリックし、[ホー
ム] タブの 📋 [インデントを増やす] ボタンをク
リックします。

③手順②と同様の操作で、完成例を参考にスライド
の箇条書きのレベルを変更します。

10.

①3枚目のスライドをクリックして、完成例を参考
にタイトルと文字列を入力します。

②コンテンツプレースホルダーの下部中央の ○ ハン
ドルをドラッグして高さを縮小します。

> 文字が自動調整されて小さくならない程度にします。

11.

①3枚目のスライドをクリックして、[挿入] タブの
📊 [SmartArt] ボタンをクリックします。

②[SmartArtグラフィックの選択] ダイアログボッ
クスの左側のボックスで [リスト] をクリックし、
中央のボックスで [縦方向カーブ　リスト] をク
リックして、[OK] をクリックします。

③一番上の四角形の [テキスト] と表示されている
部分をクリックして「前に踏み出す力」と入力し
ます。

④手順③と同様の操作で、完成例を参考に中央と一
番下の四角形にも文字列を入力します。

⑤SmartArtの外枠をクリックし、完成例を参考に
位置と大きさをドラッグして調整します。

12.

①SmartArtを選択し、[SmartArtのデザイン] タ
ブの [SmartArtのスタイル] の ▼ [その他]（ま
たは [クイックスタイル]）ボタンをクリックして、
[ドキュメントに最適なスタイル] の [光沢]（右端）
をクリックします。

13.

①[挿入]タブの [テキストボックス] ボタンをクリックし、マウスポインターが↓になるので、任意の位置でクリックして「1」と入力します。

②テキストボックスをクリックし、[ホーム]タブの 18 [フォントサイズ] ボックスの▼をクリックして、[32] をクリックします。

③手順①～②と同様の操作で、テキストボックスを挿入して「2」と入力し、フォントサイズを32ポイントにします。

④手順①～②と同様の操作で、テキストボックスを挿入して「3」と入力し、フォントサイズを32ポイントにします。

14.

①「1」と入力したテキストボックスをドラッグして、SmartArtの一番上の円内まで移動します。

②手順①と同様の操作で、「2」と入力したテキストボックスを中央の円内まで移動します。

③手順①と同様の操作で、「3」と入力したテキストボックスを一番下の円内まで移動します。

基礎問題 12 説明（会社概要とビジョン）

テーマ「トリミング」でプレゼンテーションを新規作成します。

1.

①[デザイン]タブの [バリエーション] の ▼ [その他]（または [バリエーション]）ボタンをクリックし、[配色]をポイントして [青] をクリックします。

2.

①[デザイン]タブの [バリエーション] の ▼ [その他]（または [バリエーション]）ボタンをクリックし、[フォント]をポイントして [Calibri] をクリックします。

3.

①[ホーム]タブの [新しいスライド] ボタンをクリックします。

②[ホーム]タブの [レイアウト] [レイアウト] ボタンをクリックして、[タイトルのみ] をクリックします。

③[ホーム]タブの [新しいスライド] ボタンを2回クリックします。

4.

①[表示]タブの [スライドマスター] ボタンをクリックします。

②画面左側の一覧で [タイトルスライド] レイアウト（上から2番目）をクリックします。

③「マスタータイトルの書式設定」と表示されているプレースホルダーの外枠をクリックし、[ホーム]タブの 18 [フォントサイズ] ボックスの▼をクリックして、[48] をクリックします。

④[ホーム]タブの [文字の配置] [文字の配置] ボタンをクリックして、[上下中央揃え] をクリックします。

⑤「マスターサブタイトルの書式設定」と表示されているプレースホルダーの外枠をクリックし、[ホーム]タブ [文字の配置] [文字の配置] ボタンをクリックして、[上下中央揃え] をクリックします。

5.

①画面左側の一覧で [スライドマスター]（一番上）をクリックします。

②「マスタータイトルの書式設定」と表示されているプレースホルダーの下部中央の ○ ハンドルをドラッグして高さを縮小します。

③[スライドマスター]タブの [マスター表示を閉じる] ボタンをクリックします。

6.

①完成例を参考に、1枚目のスライドにタイトルとサブタイトル（社名）、2～4枚目のスライドにタイトルを入力します。

7.

①2枚目のスライドをクリックします。

②[挿入]タブの [図形] ボタンをクリックして、[四角形] の □ [正方形/長方形] をクリックします。

③マウスポインターが＋になるので、完成例を参考に四角形を描きます。

④[ホーム]タブの [クイックスタイル] ボタンをクリックして、[テーマスタイル] の [パステル－緑、アクセント5]（上から4行目、右から2番目）をクリックします。

⑤完成例を参考に、文字列を入力します。

⑥四角形をクリックし、[ホーム]タブの 18 [フォントサイズ] ボックスの▼をクリックして、[36] をクリックします。

8.

①[挿入] タブの 📷 [図形] ボタンをクリックして、[基本図形] の ◯ [楕円] をクリックします。

②マウスポインターが+になるので、完成例を参考にShiftキーを押しながらドラッグして円を描きます。

③[挿入] タブの 📷 [図形] ボタンをクリックして、[ブロック矢印] の ⇨ [矢印:右] をクリックします。

④マウスポインターが+になるので、完成例を参考に円の上に重ねるように右矢印を描きます。

⑤円をクリックし、右矢印を [Shift] キーを押しながらクリックして、[図の形式] タブの 🔷 図形の結合・ [図形の結合] ボタンをクリックし、[単純型抜き] をクリックします。

9.

①**8**で作成した図形をクリックし、[ホーム] タブの 🔷 図形の塗りつぶし・ [図形の塗りつぶし] ボタンをクリックして、[テーマの色] の [緑、アクセント5] （1行目、右から2番目）をクリックします。

②[ホーム] タブの 🔷 図形の効果・ [図形の効果] ボタンをクリックして、[標準スタイル] をポイントして [標準スタイル] の [標準スタイル1]（1行目、左端）をクリックします。

10.

①完成例を参考に、**8**で作成した図形の位置をドラッグして調整します。

②[挿入] タブの 📝 [テキストボックス] ボタンをクリックします。

③マウスポインターが↓になるので、任意の位置でクリックして「1」と入力します。

④テキストボックスの外枠をクリックし、[ホーム] タブの [18 ▼] [フォントサイズ] ボックスの▼をクリックして、[44] をクリックします。

⑤[ホーム] タブの 🅰・ [フォントの色] ボタンの▼をクリックして、[テーマの色] の [緑、アクセント5、黒+基本色50%]（上から6行目、右から2番目）をクリックします。

⑥完成例を参考に、テキストボックスをドラッグして位置を調整します。

11.

①**7** ～ **10**で描いた図形とテキストボックスを囲むようにドラッグし、右クリックしてショートカットメニューの[グループ化]をポイントして[グループ化]をクリックします。

12.

①完成例を参考に、**11**のグループをCtrlキーを押しながら下方向へドラッグしてコピーします。

②完成例を参考に、コピーしたグループの文字列を修正します。

13.

①2枚目のスライドの「1」のほうのグループをクリックして、[ホーム] タブの 📋 [コピー] ボタンをクリックします。

②3枚目のスライドをクリックして、[ホーム] タブの 📋 [貼り付け] ボタンをクリックします。

③完成例を参考に、文字列を修正します。

14.

①[挿入] タブの 📊 [表] ボタンをクリックして、[表の挿入] で7行×2列をドラッグします。

②完成例を参考に、表をドラッグして角丸四角形の下に配置します。

③[テーブルデザイン] タブの [タイトル行] と [縞模様（行）] のチェックボックスをオフにして、[縞模様（列）] チェックボックスをオンにします。

④[テーブルデザイン] タブの [表のスタイル] の ▼ [その他]（または [テーブルスタイル]）ボタンをクリックし、[中間] の [中間スタイル1－アクセント5]（上から1行目、右から2番目）をクリックします。

15.

①完成例を参考に、表に文字列を入力します。

②完成例を参考に、1列目と2列目の境界線にマウスポインターを合わせて左方向へドラッグし、2列目の列幅を広げます。

③完成例を参考に、表の大きさをドラッグして調整します。

16.

①3枚目のスライドのグループをクリックして、[ホーム] タブの 📋 [コピー] ボタンをクリックします。

②4枚目のスライドをクリックして、[ホーム] タブの 📋 [貼り付け] ボタンをクリックします。

③完成例を参考に、文字列を修正します。

17.

①[挿入] タブの 📷 [図形] ボタンをクリックして、[基本図形] の ◯ [楕円] をクリックします。

②マウスポインターが＋になるので、完成例を参考にShiftキーを押しながらドラッグして一番左の円を描きます。

③[ホーム] タブの [クイックスタイル] をクリックし、[テーマスタイル] の [グラデーション－青、アクセント1]（上から5行目、左から2番目）をクリックします。

④完成例を参考に円に文字列を入力します。

> Enterキー（段落改行）と、Shift＋Enterキー（改行）を使い分けると、図形の中の文字列の間隔を見栄えよく調整できます。例えば一番左の円なら、「お客様を」と入力し、Shift+Enterキーを押して「大切にします。」と入力します。

⑤円内の「お客様」をドラッグして選択し、[ホーム] タブの 18 [フォントサイズ] ボックスの▼をクリックして、[36] をクリックします。

18.

①**17**で描いた円をクリックします。

②[ホーム] タブの [文字の配置] ボタンをクリックして [上揃え] をクリックします。

19.

①**17**で描いた円をCtrlキーを押しながらドラッグしてコピーします。

②手順①と同様の操作で、もう1つ円をコピーします。

③完成例を参考に、コピーした円の文字列を修正します。

20.

①[挿入] タブの [アイコン] ボタンをクリックします。

②[アイコンの挿入] ダイアログボックスから、完成例を参考に必要なアイコンを3つクリックし、[挿入] ボタンをクリックします。

③スライド中央にアイコンが3つ挿入されるので、完成例を参考にドラッグして位置を調整します。

④3つのアイコンを複数選択して、[ホーム] タブの [図形の塗りつぶし] ボタンをクリックし、[テーマの色] の [白、背景1]（1行目、左端）をクリックします。

応用問題 13 説明（営業支援システム説明会）

1. テーマ「イオン」で新規プレゼンテーションを作成します。

2. スライドマスターを編集します。

①[表示] タブの [スライドマスター] ボタンをクリックします。

②画面左側の一覧で [スライドマスター]（一番上）をクリックします。

③「マスタータイトルの書式設定」と表示されているプレースホルダーの下部中央の ○ ハンドルをドラッグして高さを縮小して上部へ移動します。

④「マスターテキストの書式設定」と表示されているプレースホルダーの上部中央の ○ ハンドルをドラッグして高さを拡張します。

⑤画面左側の一覧で [タイトルスライド] レイアウト（上から2番目）をクリックします。

⑥「マスタータイトルの書式設定」と表示されているプレースホルダーの外枠をクリックし、[ホーム] タブの 18 [フォントサイズ] ボックスの▼をクリックして、[44] をクリックします。

⑦[ホーム] タブの [文字の配置] ボタンをクリックし、[上下中央揃え] をクリックします。

⑧[スライドマスター] タブの [マスター表示を閉じる] ボタンをクリックします。

3. スライドを2枚追加します。

①[ホーム] タブの [新しいスライド] ボタンを2回クリックします。

4. 1枚目のスライドを作成します。

①1枚目のスライドをクリックします。

②スライドのタイトルに「営業支援システム説明会」と入力します。

③サブタイトルに「営業計画部システム運用チーム」と入力します。

5. 2枚目のスライドを作成します。

①2枚目のスライドをクリックします。

②完成例を参考に、タイトルを入力します。

③コンテンツプレースホルダーの [SmartArtグラフィックの挿入] をクリックします。

④[SmartArtグラフィックの選択] ダイアログボックスの左側のボックスで [集合関係] をクリックし、中央のボックスで [基本放射] をクリックして、

[OK] をクリックします。

⑤SmartArtが選択された状態で、[SmartArtのデザイン] タブの[図形の追加] [図形の追加] ボタンを3回クリックします。

⑥完成例を参考に、円に文字列を入力します。

自動改行位置の見栄えが悪い場合は、必要に応じてShift+Enterキーを押して改行します。

⑦SmartArtの外枠をクリックし、[SmartArtのデザイン] タブの[色の変更] [色の変更] ボタンをクリックして、[アクセント1] の [枠線のみ－アクセント1]（左端）をクリックします。

⑧「案件履歴」と入力した円をクリックし、[書式] タブの[図形の塗りつぶし] [図形の塗りつぶし] ボタンをクリックして、[テーマの色] の [濃い赤、アクセント1、白＋基本色60%]（上から3行目、左から5番目）をクリックします。

⑨手順⑧と同様の操作で、「営業訪問履歴」と入力した円も [濃い赤、アクセント1、白＋基本色60%] にします。

7つの情報のうち、営業部門で登録する情報を塗りつぶしの色を変えて強調しています。このように、配色の工夫によって資料のわかりやすさがアップします。

⑩完成例を参考に、SmartArtの任意の ○ ハンドルをドラッグして大きさを調整します。

⑪完成例を参考に、SmartArtの外枠をドラッグして位置を調整します。

⑫[挿入] タブの[テキストボックス] [テキストボックス] ボタンをクリックし、SmartArtの下に横書きテキストボックスを描いて、完成例を参考に注意事項を入力します。

⑬手順⑫のテキストボックスの外枠をクリックし、[ホーム] タブの[18] [フォントサイズ] ボックスの▼をクリックして、[12]をクリックします。

⑭[挿入] タブの[テキストボックス] [テキストボックス] ボタンをクリックし、スライドの左側の空いているところに横書きテキストボックスを描いて、完成例を参考に文字列を入力します。

⑮手順⑭のテキストボックスの外枠をクリックし、[ホーム] タブの[18] [フォントサイズ] ボックスの▼をクリックして、[32]をクリックします。

6. 3枚目のスライドを作成します。

①3枚目のスライドをクリックします。

②[ホーム] タブの[レイアウト] [レイアウト] ボタン

をクリックして、[タイトルのみ] をクリックします。

③タイトルに「営業部門での情報登録の流れ」と入力します。

④[挿入] タブの[図形] [図形] ボタンをクリックして、[ブロック矢印] の[矢印:五方向] [矢印:五方向] をクリックし、完成例を参考にスライドの右端に右矢印ホームベースを描きます。

⑤必要に応じて、右矢印ホームベースの ○ 黄色のハンドルをドラッグして形を調整します。

⑥「案件終了登録」と入力し、[ホーム] タブの[クイックスタイル] [クイックスタイル] ボタンをクリックして、[テーマスタイル]の[パステル－濃い赤、アクセント1]（上から4行目、左から2番目）をクリックします。

⑦[ホーム] タブの[18] [フォントサイズ] ボックスの▼をクリックして、[32]をクリックします。

⑧右矢印ホームベースをCtrlキーを押しながらドラッグして、完成例を参考に左隣にコピーして文字列を「上長コメント登録」に修正します。

⑨手順⑧と同様の操作で、完成例を参考に右矢印ホームベースを合計4つ並べて、文字列を修正します。

右矢印ホームベースに入力した文字列の自動改行位置の見栄えが悪い場合は、必要に応じてShift+Enterキーを押して改行します。

⑩[挿入] タブの[図形] [図形] ボタンをクリックして、[ブロック矢印] の[矢印:右] [矢印:右] をクリックし、完成例を参考に右矢印を描きます。

⑪右矢印をCtrlキーを押しながらドラッグして、完成例を参考に下にコピーします。

⑫[図形の書式] タブの[回転] [回転] ボタンをクリックして、[左右反転] をクリックします。

⑬[挿入] タブの[図形] [図形] ボタンをクリックして、[基本図形] の[テキストボックス] [テキストボックス] をクリックし、スライドの下部に横書きテキストボックスを描いて、完成例を参考に文字列を入力します。

⑭手順⑬のテキストボックスの外枠をクリックし、[ホーム] タブの[18] [フォントサイズ] ボックスの▼をクリックして、[28]をクリックします。

応用問題 14 説明（海外派遣対象者選定の考え方）

1. テーマ「イオン　ボードルーム」で新規プレゼンテーションを作成します。

2. スライドマスターを編集します。

①[表示] タブの[スライドマスター] [スライドマスター] ボタンを

クリックします。

②画面左側の一覧で **[スライドマスター]**（一番上）をクリックします。

③「マスターテキストの書式設定」と表示されているプレースホルダーの上部中央の ○ ハンドルをドラッグして高さを拡張します。

④「マスターテキストの書式設定」と表示されているプレースホルダーの右側中央の ○ ハンドルをドラッグして幅を拡張します。

⑤画面左側の一覧で **[タイトルとコンテンツ]** レイアウト（上から3番目）をクリックします。

⑥手順③～④と同様の操作で、プレースホルダーの大きさをドラッグして調整します。

⑦ **[スライドマスター]** タブの [マスター表示を閉じる] ボタンをクリックします。

3. スライドのレイアウトを変更します。

① **[ホーム]** タブの [レイアウト] ボタンをクリックして、**[タイトルとコンテンツ]** をクリックします。

4. タイトルと箇条書きを入力します。

①スライドのタイトルに「海外派遣対象者選定の考え方」と入力します。

②完成例を参考に、箇条書きの文字列を入力します。

③コンテンツプレースホルダーの下部中央の ○ ハンドルをドラッグして高さを縮小します。

> 文字が自動調整されて小さくならない程度にします。

5. 図を作成します。

① **[挿入]** タブの [図形] ボタンをクリックして、**[基本図形]** の [楕円] をクリックし、完成例を参考に円を描きます。

②円をCtrlキーを押しながらドラッグして、完成例を参考に重ねるようにもう1つ円を描きます。

③2つの円を囲むようにドラッグして、**[図形の書式]** タブの [図形の結合] ボタンをクリックして、**[切り出し]** をクリックします。

> 2つの円の重なり部分が切り出され、3つの図形に分解されます。

④左の図形をクリックし、**[図形の書式]** タブの [図形の塗りつぶし] ボタンをクリックして、**[テーマの色]** の **[ラベンダー、アクセント5、白+基本色40%]**（上から4行目、右から2番目）をクリックします。

⑤中央の図形をクリックし、**[図形の書式]** タブの [図形の塗りつぶし] [図形の塗りつぶし] ボタンをクリックして、**[テーマの色]** の **[紫、アクセント6、白+基本色40%]**（上から4行目、右端）をクリックします。

⑥右の図形をクリックし、**[図形の書式]** タブの [図形の塗りつぶし] [図形の塗りつぶし] ボタンをクリックして、**[テーマの色]** の **[赤、アクセント2、白+基本色40%]**（上から4行目、左から6番目）をクリックします。

⑦3つの図形を囲むようにドラッグし、**[図形の書式]** タブの [図形の効果] [図形の効果] ボタンをクリックして、**[標準スタイル]** をポイントして **[標準スタイル]** の **[標準スタイル1]**（1行目、左端）をクリックします。

⑧ **[挿入]** タブの [図形] ボタンをクリックして、**[線]** の [線矢印] をクリックし、完成例を参考に矢印を描き、同様の操作でもう1つ描きます。

⑨2つの矢印を囲むようにドラッグし、**[ホーム]** タブの [図形の枠線] [図形の枠線] ボタンの▼をクリックして、**[標準の色]** の **[濃い青]**（右から2番目）をクリックします。

⑩ **[ホーム]** タブの [図形の枠線] [図形の枠線] ボタンの▼をクリックして、**[矢印]** をポイントして **[矢印スタイル9]** をクリックします。

⑪ **[挿入]** タブの [テキストボックス] ボタンをクリックして、マウスポインターが ↓ になるので、完成例を参考に任意の位置をクリックして「業務遂行能力が高い層」と入力します。

⑫手順⑪と同様の操作で、4つのテキストボックスを挿入して、それぞれに完成例を参考に文字列を入力します。

⑬「業務遂行能力が高い層」と入力したテキストボックスをクリックし、**[ホーム]** タブの [フォントの色] ボタンをクリックして、**[テーマの色]** の **[ラベンダー、アクセント5、黒+基本色25%]**（上から5行目、右から2番目）をクリックします。

⑭「語学力が高い層」と入力したテキストボックスをクリックし、**[ホーム]** タブの [フォントの色] ボタンをクリックして、**[テーマの色]** の **[赤、アクセント2、黒+基本色25%]**（上から5行目、左から6番目）をクリックします。

⑮Ctrlキーを押しながら「第一優先」、「第二優先」と入力したテキストボックスをクリックし、**[ホーム]** タブの 18 [フォントサイズ] ボックスの▼をクリックして、**[28]** をクリックします。

⑯Ctrlキーを押しながら「業務遂行能力が高い層」「語

学力が高い層」「第一優先」「第二優先」と入力したテキストボックスをクリックして複数選択し、[ホーム] タブの [太字] ボタンをクリックします。

応用 問題 15 説明（新入社員教育補足資料）

1. テーマ「ベルリン」で新規プレゼンテーションを作成します。

2. バリエーションの配色を変更します。
①[デザイン] タブの [バリエーション] の ▼ [その他]（または [バリエーション]）ボタンをクリックし、[配色] をポイントして [青] をクリックします。
②[デザイン]タブの[バリエーション]の[その他]（または[バリエーション]）ボタンをクリックし、[フォント]をポイントして[Century Gothic]をクリックします。

3. スライドマスターを編集します。
①[表示] タブの [スライドマスター] ボタンをクリックします。
②画面左側の一覧で [スライドマスター]（一番上）をクリックします。
③「マスターテキストの書式設定」と表示されているプレースホルダーの外枠をクリックし、[ホーム] タブの 18 ▼ [フォントサイズ] ボックスの▼をクリックして、[20] をクリックします。
④[ホーム] タブの B [太字] ボタンをクリックします。
⑤[スライドマスター] タブの [マスター表示を閉じる] ボタンをクリックします。

4. スライドを2枚追加します。
①[ホーム] タブの [新しいスライド] ボタンを2回クリックします。

5. 1枚目のスライドを作成します。
①1枚目のスライドをクリックします。
②タイトルに「社会人基礎力とは」と入力します。
③サブタイトルに「新入社員教育補足資料」と入力します。

6. 2枚目のスライドを作成します。
①2枚目のスライドをクリックします。
②タイトルに「社会人に求められる能力」と入力します。

③コンテンツプレースホルダーに、問題文を参考に社会人に求められる能力の説明文を入力します。
④コンテンツプレースホルダーの下部中央の ○ ハンドルをドラッグして高さを縮小します。
⑤[挿入] タブの [図形] ボタンをクリックして、[四角形] の □ [四角形:角を丸くする] をクリックし、完成例を参考にスライド下部に角丸四角形を描きます。
⑥完成例を参考に、角丸四角形に文字列を入力します。
⑦[挿入] タブの [図形] ボタンをクリックして、[基本図形] の ○ [楕円] をクリックし、完成例を参考に角丸四角形に重ねるように円を描きます。
⑧手順⑦の円をCtrlキーを押しながらドラッグして、コピーします。
⑨同様の操作でもう1つ円をコピーし、3つの円が均等に並ぶようにドラッグして調整します。
⑩完成例を参考に、3つの円に文字列を入力します。
⑪3つの円と角丸四角形を囲むようにドラッグし、[ホーム] タブの [クイックスタイル] ボタンをクリックして、[テーマスタイル] の [パステルー水色、アクセント3]（上から4行目、左から4番目）をクリックします。
⑫[ホーム] タブの 18 ▼ [フォントサイズ] ボックスの▼をクリックして、[32] をクリックします。
⑬[ホーム] タブの [太字] ボタンをクリックします。

> 円の文字列の改行位置が中途半端な場合は、読みやすいところで改行するとよいでしょう。改行するにはShift＋Enterキーを押します。完成例では、「基礎」と「学力」の間、「社会人」と「基礎力」の間、「専門」と「知識」の間で改行しています。

7. 3枚目のスライドを作成します。
①3枚目のスライドをクリックします。
②タイトルに「社会人基礎力」と入力します。
③コンテンツプレースホルダーに、問題文を参考に社会人基礎力の説明文を入力します。
④コンテンツプレースホルダーの下部中央の ○ ハンドルをドラッグして高さを縮小します。
⑤[挿入] タブの [表] ボタンをクリックして、[表の挿入] で7行2列をドラッグします。
⑥[テーブルデザイン] タブの [タイトル行] と [縞模様（行）] のチェックボックスをオフにします。
⑦[テーブルデザイン]タブの[表スタイル]の ▼ [その他]（または[テーブルスタイル]）ボタンをクリックして、[中間] の [中間スタイル4ーアクセント3]

（上から4行目、左から4番目）をクリックします。

⑧[ホーム] タブの 18 ▼ [フォントサイズ] ボックスの▼をクリックして、[14] をクリックします。

⑨完成例を参考に、表の外枠にマウスポインターを合わせ、ドラッグして位置を移動し、任意の○ハンドルをドラッグして大きさを調整します。

⑩完成例を参考に、表の左側の列の1行目に「前に踏み出す力」、4行目に「考え抜く力」、7行目に「チームで働く力」と入力します。

⑪完成例を参考に、右側の7行目のセルまで文字列を入力したら、Tabキーを押して次の行を追加し、続けて12行目まで行を増やしながら文字列を入力します。

⑫[テーブルデザイン] タブの [罫線の削除]（または [消しゴム]）ボタンをクリックします。

⑬マウスポインターが になるので、完成例を参考に左側の列の不要な罫線をクリックして削除します。削除が終了したらEscキーを押します。

⑭左側の列をクリックし、[ホーム] タブの 18 ▼ [フォントサイズ] ボックスの▼をクリックして、[28] をクリックします。

⑮列の境界線にマウスポインターを合わせ、ドラッグして列幅を調整します。

⑯左側の列が選択されていることを確認し、[ホーム] タブの B [太字] ボタンをクリックします。

⑰[ホーム] タブの [文字の配置] [文字の配置] ボタンをクリックして [上下中央揃え] をクリックします。

⑱[挿入] タブの [テキストボックス] ボタンをクリックして、マウスポインターが | になるので、完成例を参考に表の下をクリックして文字列を入力します。

⑲手順⑱で描いたテキストボックスの外枠をクリックして、[ホーム] タブの 18 ▼ [フォントサイズ] ボックスの▼をクリックして [12] をクリックします。

応用問題 16 説明（PC 推奨設定操作説明書）

1. テーマ「配当」で新規プレゼンテーションを作成します。

2.
①[デザイン] タブの [バリエーション] の ▼ [その他]（または [バリエーション]）ボタンをクリックし、[配色] をポイントして [暖かみのある青] をクリックします。

3.
①[デザイン] タブの [バリエーション] の ▼ [その他]（または [バリエーション]）ボタンをクリックし、[フォント] をポイントして [Calibri] をクリックします。

4. スライドマスターを編集します。
①[表示] タブの [スライドマスター] [スライドマスター] ボタンをクリックします。

②画面左側の一覧で [スライドマスター]（一番上）をクリックします。

③「マスタータイトルの書式設定」（スライド上部）のプレースホルダーの下部中央の○ハンドルをドラッグして高さを縮小します。

④「マスターテキストの書式設定」と表示されているプレースホルダーの上部中央の○ハンドルをドラッグして高さを拡張します。

⑤「マスターテキストの書式設定」と表示されているプレースホルダーの外枠をクリックし、[ホーム] タブの [文字の配置] [文字の配置] ボタンをクリックして、[上揃え] をクリックします。

⑥画面左側の一覧で [タイトルとコンテンツ] レイアウト（上から3番目）をクリックします。

⑦「マスタータイトルの書式設定」と表示されているプレースホルダーの下部中央の○ハンドルをドラッグして高さを縮小します。

⑧「マスタータイトルの書式設定」と表示されているプレースホルダーの背景にある四角形の下部中央の○ハンドルをドラッグして高さを縮小します。

⑨「マスターテキストの書式設定」と表示されているプレースホルダーの上部中央の○ハンドルをドラッグして高さを拡張します。

⑩[スライドマスター] タブの [マスター表示を閉じる] [マスター表示を閉じる] ボタンをクリックします。

5. スライドを3枚追加します。
①[ホーム] タブの [新しいスライド] [新しいスライド] ボタンを3回クリックします。

6. 1枚目のスライドを作成します。
①1枚目のスライドをクリックします。
②タイトルに「PC推奨設定操作説明書」と入力します。
③サブタイトルに「情報システム部」と入力します。

7. 2枚目のスライドを作成します。
①2枚目のスライドをクリックします。

②完成例を参考に、タイトルを入力します。

③完成例を参考に、コンテンツプレースホルダーに
文字列を入力します。

④コンテンツプレースホルダーの下部中央の○ハン
ドルをドラッグして高さを縮小します。

⑤[挿入] タブの [図形] ボタンをクリックして、
[四角形] の □ [四角形:角を丸くする] をクリッ
クし、完成例を参考に角丸四角形を描いて文字列
を入力します。

⑥角丸四角形をクリックし、[ホーム] タブの [ク
イックスタイル] ボタンをクリックして、[テーマ
スタイル] の [パステルー青、アクセント2] (上
から4行目、左から3番目) をクリックします。

⑦[ホーム] タブの 18 ▾ [フォントサイズ] ボッ
クスの▼をクリックして、[32] をクリックします。

⑧角丸四角形をCtrlキーを押しながら下方向へド
ラッグし、もう1つコピーして、完成例を参考に
文字列を修正します。

8. 3枚目のスライドを作成します。

①3枚目のスライドをクリックします。

②完成例を参考に、タイトルを入力します。

③完成例を参考に、コンテンツプレースホルダーの
位置と大きさをドラッグして調整し、文字列を入
力します。

> 段落改行 (段落を変えて改行する) はEnterキー、
> 改行 (段落を変えずに改行する) はShift+Enterキ
> ーです。必要に応じて使い分けて、読みやすくしま
> しょう。

④コンテンツプレースホルダーの外枠をクリックし、
[ホーム] タブの [段落番号] ボタンの▼を
クリックして、[1. 2. 3.] をクリックします。

⑤デスクトップ上で右クリックして、ショートカッ
トメニューの [個人用設定] をクリックします。

⑥[設定] ウィンドウの [ロック画面] をクリックし
て、[スクリーンセーバー] をクリックします。

⑦[スクリーンセーバーの設定] ダイアログボックス
の [スクリーンセーバー] ボックスの▼をクリッ
クして、任意のスクリーンセーバーをクリックし
ます。

⑧[待ち時間] ボックスを [10] 分以下に変更します。

⑨[再開時にログオン画面に戻る] のチェックボック
スをクリックしてオンにします。

⑩Alt+PrtScキーを押して [スクリーンセーバーの
設定] ダイアログボックスの画面をコピーし、3
枚目のスライドをクリックして [ホーム] タブの

 [貼り付け] ボタンをクリックします。

> 画面切り取り方法は2つあります。PrtSc (プリント
> スクリーン) キーを押してコピーし、貼り付けを行う
> とPCの全画面が貼り付けられます。Alt+PrtScキ
> ーを押すと、現在選択しているウィンドウやダイア
> ログボックスだけがコピーされます。

⑪必要に応じて、貼り付けた画像の任意の○ハンド
ルをドラッグして大きさを変更し、外枠にマウス
ポインターを合わせ、ドラッグして位置を調整し
ます。

⑫[挿入] タブの [図形] ボタンをクリックして、
[四角形] の □ [四角形:角を丸くする] をクリッ
クし、完成例を参考に画像の重要な部分を囲むよ
うに角丸四角形を描きます。

⑬[ホーム] タブの [図形の塗りつぶし] [図形の塗りつぶ
し] ボタンの▼をクリックして、[塗りつぶしなし]
をクリックします。

⑭[ホーム] タブの [図形の枠線] [図形の枠線] ボタ
ンの▼をクリックして、[標準の色] の [濃い赤] (左
端) をクリックします。

9. 4枚目のスライドを作成します。

①4枚目のスライドをクリックします。

②完成例を参考に、タイトルを入力します。

③完成例を参考に、コンテンツプレースホルダーの
位置と大きさをドラッグして調整し、文字列を入
力します。

④コンテンツプレースホルダーの外枠をクリックし、
[ホーム] タブの [段落番号] ボタンの▼を
クリックして、[1. 2. 3.] をクリックします。

⑤[ロック画面] の [画面タイムアウト設定] をクリッ
クして、[画面とスリープ] の [バッテリー駆動時に、
次の時間が経過した後に画面の電源を切る] を2
分以下、[バッテリー駆動時に、次の時間が経過し
た後にデバイスをスリープ状態にする] を5分以
下にします。

⑥Alt+PrtScキーを押して [画面とスリープ] が表
示されているウィンドウの画面をコピーし、4枚
目のスライドをクリックして [ホーム] タブの
[貼り付け] ボタンをクリックします。

⑦[図の形式] タブの [トリミング] をクリックして、
完成例を参考にトリミングします。

⑧必要に応じて、貼り付けた画像の任意の○ハンド
ルをドラッグして大きさを変更し、外枠にマウス
ポインターを合わせ、ドラッグして位置を調整し
ます。

⑨3枚目のスライドをクリックし、濃い赤の枠線の角丸四角形をクリックして、[ホーム]タブの [コピー] ボタンをクリックします。

⑩4枚目のスライドをクリックして、[ホーム] タブの [貼り付け] ボタンを2回クリックします。

⑪完成例を参考に、濃い赤の枠線の角丸四角形の位置と大きさをドラッグして調整します。

⑫[挿入]タブの [画像] ボタンをクリックし、[画像の挿入元]の [このデバイス...] をクリックします。

⑬[図の挿入] ダイアログボックスで実習用データの画像ファイル「社員」をクリックして、[挿入] をクリックします。

⑭完成例を参考に、挿入した画像をドラッグして配置します。

⑮必要に応じて、画像のいずれかの ○ ハンドルにマウスポインターを合わせ、ドラッグして大きさを調整します。

⑯[挿入] タブの [図形] ボタンをクリックして、[吹き出し]の [吹き出し:角を丸めた四角形] をクリックし、完成例を参考に角丸四角形の吹き出しを描きます。

⑰必要に応じて、角丸四角形の吹き出しの ○ 黄色のハンドルをドラッグして、吹き出しの先端の位置を調整します。

⑱[ホーム] タブの [クイックスタイル] ボタンをクリックして、[テーマスタイル]の [枠線のみ－ブルーグレー、アクセント1](1行目、左から2番目)をクリックします。

⑲完成例を参考に、角丸四角形の吹き出しに文字列を入力します。

10.名前を付けて保存します。

11.名前を付けてPDF形式で保存します。
①[ファイル] タブをクリックし、[エクスポート] をクリックして [PDF/XPSの作成] をクリックします。

②任意の保存場所を指定し、[PDFまたはXPS形式で発行] ダイアログボックスの [ファイルの種類] ボックスの▼をクリックして、[PDF] をクリックします。

③[オプション] をクリックし、[オプション] ダイアログボックスの [発行オプション]の [発行対象] ボックスの▼をクリックして、[配布資料] をクリックします。

④[1ページあたりのスライド数] ボックスの▼をク

リックし、[2] をクリックして、[OK] をクリックします。

⑤[PDFまたはXPS形式で発行] ダイアログボックスの [発行] をクリックします。

応用 問題 **17** パンフレット (Consulting Salon)

1. 新規プレゼンテーションを作成します。

2. 「テンプレート_問題17」を適用します。
①[デザイン] タブの [テーマ]の ▼ [その他](または [テーマ])ボタンをクリックして、[テーマの参照] をクリックします。

②[テーマまたはテーマドキュメントの選択] ダイアログボックスで実習用データのファイル「テンプレート_問題17」をクリックして、[適用] をクリックします。

3. スライドのサイズを変更します。
①[デザイン] タブの [スライドのサイズ] ボタンをクリックして [標準(4:3)] をクリックし、[Microsoft PowerPoint] ダイアログボックスの [最大化] をクリックします。

4. スライドのレイアウトを変更します。
①[ホーム] タブの [レイアウト] [レイアウト] ボタンをクリックして、[タイトルのみ] をクリックします。

5. タイトルと文字列を入力します。
①タイトルに「Consulting Salon」と入力します。
②実習用データのWordファイル「パンフレット内容案」をダブルクリックして開きます。
③1 ～ 3行目の「銀座店…お気軽に足をお運びください。」までをドラッグして選択し、[ホーム] タブの [コピー] ボタンをクリックします。
④PowerPointの [挿入] タブの [テキストボックス] ボタンをクリックして、マウスポインターが ↓ になるので、任意の位置をクリックします。
⑤[ホーム] タブの [貼り付け] ボタンの▼をクリックして、[貼り付けのオプション]の [テキストのみ保持] をクリックします。
⑥完成例を参考に、テキストボックスの外枠をドラッグして位置を移動し、任意の ○ ハンドルをドラッグして大きさを調整します。
⑦手順③～⑥と同様の操作で、Wordファイル「パンフレット内容案」の1ページ目の6 ～ 9行目「資

産運用コンサルティング～ご提案いたします。」、11～15行目「住宅ローンコンサルティング～ご提案いたします。」、17～21行目「電話コンサルティング～03-1111-XXXX」、2ページ目の15～17行目「Iroha BANK総合窓口～となります。」をPowerPointのテキストボックスに貼り付けて、位置と大きさを調整します。

⑧Wordファイル「パンフレット内容案」の1ページ目の24行目～2ページ目の3行目「無料セミナー開催中～佐々木　正」までをドラッグして選択し、［ホーム］タブの 🖺 ［コピー］ボタンをクリックします。

⑨PowerPointの［挿入］タブの 🔲 ［図形］ボタンをクリックして、［四角形］の ▭ ［正方形/長方形］をクリックし、マウスポインターが+になるので、スライド右側上部に四角形を描きます。

⑩［ホーム］タブの 🗒 ［貼り付け］ボタンの▼をクリックして、［貼り付けのオプション］の 🅰 ［テキストのみ保持］をクリックします。

⑪四角形の外枠をクリックし、［ホーム］タブの 18 ▼ ［フォントサイズ］ボックスの▼をクリックして、［11］をクリックします。

⑫［ホーム］タブの ☰ ［左揃え］ボタンをクリックします。

⑬［ホーム］タブの A▼ ［フォントの色］ボタンの▼をクリックして、［テーマの色］の［黒、テキスト1］（1行目、左から2番目）をクリックします。

⑭［ホーム］タブの 🗒図形の塗りつぶし ［図形の塗りつぶし］ボタンをクリックして、［テーマの色］の［ゴールド、アクセント3、白+基本色80%］（上から2行目、左から7番目）をクリックします。

⑮Wordファイル「パンフレット内容案」の2ページ目の6～12行目「Iroha BANK Café～横浜支店」までをドラッグして選択し、［ホーム］タブの 🖺 ［コピー］ボタンをクリックします。

⑯手順⑨～⑬と同様の操作で、四角形を描いて文字列を貼り付けて、フォントサイズ、フォントの色、左揃えを設定します。

⑰四角形の外枠をクリックし、［ホーム］タブの 🗒図形の塗りつぶし▼ ［図形の塗りつぶし］ボタンをクリックして、［塗りつぶしなし］をクリックします。

⑱Wordファイル「パンフレット内容案」を閉じます。

⑲「資産運用コンサルティング」をドラッグして選択し、［ホーム］タブの A▼ ［フォントの色］ボタンの▼をクリックして、［テーマの色］の［赤、アクセント1］（1行目、左から5番目）をクリックします。

⑳［ホーム］タブの B ［太字］ボタンをクリックします。

㉑［ホーム］タブの 🖌 ［書式のコピー/貼り付け］ボタンをダブルクリックして、完成例を参考に同じ書式に設定したい文字列をドラッグします。

> 🖌 ［書式のコピー/貼り付け］ボタンをダブルクリックすると、ボタンがロックされて連続して同じ機能を使用できます。Escキーを押すまでロックが継続します。

6. イラストを挿入します。

①［挿入］タブの 🖼 ［画像］ボタンをクリックし、［画像の挿入元］の［このデバイス...］をクリックします。

②［図の挿入］ダイアログボックスで実習用データの画像ファイル「資産運用」をクリックして、［挿入］をクリックします。

④完成例を参考に、挿入した画像をドラッグして配置します。

⑤必要に応じて、画像のいずれかの ○ ハンドルをドラッグして大きさを調整します。

⑥手順①～⑤と同様の操作で、実習用データの画像ファイル「住宅」、「電話」、「コーヒー」を貼り付けます。

⑦画像ファイル「コーヒー」をクリックし、［図の形式］タブの［図のスタイル］の ▼ ［その他］（または［クイックスタイル］）ボタンをクリックして、［楕円、ぼかし］（上から3行目、左から6番目）をクリックします。

第3章
報告

⑦手順⑥と同様の操作で、もう1つ角丸四角形をコ
ピーして、縦に3つ並べます。

基礎問題 18 報告（社員満足度調査）

「新しいプレゼンテーション」でプレゼンテーション
を新規作成します。

1.

①[デザイン] タブの [テーマ] の ▼ [その他]（ま
たは [テーマ]）ボタンをクリックして、[テーマ
の参照] をクリックします。

②[テーマまたはテーマドキュメントの選択] ダイア
ログボックスで実習用データの「テンプレート_問
題18」をクリックして、[適用] をクリックします。

2.

①[ホーム] タブの 🖻 [新しいスライド] ボタンを
2回クリックします。

3.

①2枚目のスライドをクリックします。

②[ホーム] タブの 🖻 レイアウト▼ [レイアウト] ボタン
をクリックして、[タイトルのみ] をクリックしま
す。

4.

①完成例を参考に、1 〜 3枚目のスライドのタイト
ルや文字列を入力します。

5.

①2枚目のスライドをクリックします。

②[挿入] タブの 🖻 [図形] ボタンをクリックして、
[四角形] の ⬜ [四角形:角を丸くする] をクリッ
クします。

③マウスポインターが+になるので、完成例を参考
にドラッグして角丸四角形を描きます。

④[ホーム] タブの 🖻 図形の塗りつぶし▼ [図形の塗りつぶ
し] ボタンをクリックして、[テーマの色] の [緑、
アクセント6、白+基本色60%]（上から3行目、
右端）をクリックします。

⑤[ホーム] タブの 🖻 図形の効果▼ [図形の効果] ボタ
ンをクリックして、[標準スタイル] をポイントし
て [標準スタイル] の [標準スタイル1]（1行目、
左端）をクリックします。

⑥Ctrl+Shiftキーを押しながら角丸四角形をドラッ

6.

①完成例を参考に、3つの角丸四角形に文字列を入
力します。

②3つの角丸四角形を囲むようにドラッグして複数
選択します。

③[ホーム] タブの 18 ▼ [フォントサイズ] ボッ
クスの▼をクリックして、[36] をクリックします。

④[ホーム] タブの A▼ [フォントの色] ボタンの
▼をクリックして、[テーマの色] の [黒、テキス
ト1]（1行目、左から2番目）をクリックします。

7.

①3枚目のスライドをクリックします。

②コンテンツプレースホルダーの中央の ○ ハンドル
をドラッグして高さを縮小します。

> 文字が自動調整されて小さくならない程度にします。

8.

①[挿入] タブの 🖻 [グラフ] ボタンをクリックし
ます。

②[グラフの挿入] ダイアログボックスの左側のボッ
クスで [横棒] をクリックし、中央のボックスで
[100%積み上げ横棒]（1行目、左から3番目）
をクリックして、[OK] をクリックします。

③自動的に [Microsoft PowerPoint内のグラフ]
ウインドウが起動するので、問題文を参照してデー
タを [Microsoft PowerPoint内のグラフ] ウイ
ンドウに入力します。

9.

①PowerPointの [グラフのデザイン] タブの 🖻 [行
/列の切り替え] ボタンをクリックします。

②完成例を参考に、凡例に「大いに感じる」、「まあ
感じる」、「あまり感じない」、「ほとんど感じない」
が表示されたことを確認します。

③[Microsoft PowerPoint内のグラフ] ウインド
ウの ✕ 閉じるボタンをクリックします。

10.

①完成例を参考に、作成したグラフが文字列と重な
らないようにドラッグして移動し、いずれかの ○
ハンドルをドラッグして大きさを調整します。

②[グラフのデザイン] タブの ▦ [クイックレイア
ウト] ボタンをクリックして、[レイアウト3] (1
行目、右端) をクリックします。

③[グラフのデザイン] タブの ▦ [色の変更] ボタ
ンをクリックして、[モノクロ] の [モノクロパレッ
ト6] をクリックします。

11.

①グラフタイトルをクリックします。

②「グラフタイトル」の文字列をドラッグして選択し
て、「経営に対する満足度結果」と入力します。

③[挿入] タブの ▦ [テキストボックス] ボタンを
クリックして、マウスポインターが ↓ になるので、
グラフタイトルの右側をクリックして「n=100」
と入力します。

④テキストボックスをクリックして、[ホーム] タブ
の 18 ▾ [フォントサイズ] ボックスの▼をクリッ
クして、[18] をクリックします。

⑤必要に応じて、テキストボックスの外枠をドラッ
グして位置を調整します。

12.

①3枚目のスライドをクリックします。

②[ホーム] タブの ▦ [コピー] ボタンをクリック
します。

③[ホーム]タブの ▦ [貼り付け]ボタンを2回クリッ
クします。

13.

①4枚目のスライドをクリックして、完成例を参考
にタイトルと文字列を修正します。

14.

①4枚目のスライドのグラフをクリックして、[グラ
フのデザイン] タブの ▦ [データの編集] ボタン
をクリックします。

②[Microsoft PowerPoint内のグラフ] ウインド
ウが起動するので、問題文を参照してデータを修
正します。

③[Microsoft PowerPoint内のグラフ] ウインド
ウの ✕ 閉じるボタンをクリックします。

15.

①完成例を参考に、4枚目のスライドのグラフのタ
イトルを修正します。

16.

①5枚目のスライドを表示して、完成例を参考にタ
イトルと文字列を修正します。

17.

①5枚目のスライドのグラフをクリックして、[グラ
フのデザイン] タブの ▦ [データの編集] ボタン
をクリックします。

②[Microsoft PowerPoint内のグラフ] ウインド
ウが起動するので、問題文を参照してデータを修
正します。

③[Microsoft PowerPoint内のグラフ] ウインド
ウの ✕ 閉じるボタンをクリックします。

18.

①完成例を参考に、5枚目のスライドのグラフのタ
イトルを修正します。

19.

①3枚目のスライドを表示します。

②[挿入] タブの ▦ [図形] ボタンをクリックして、
[線] の ▨ [線矢印：双方向] をクリックします。

③マウスポインターが+になるので、完成例を参考
にドラッグして両矢印を描きます。

④[ホーム] タブの ▦ 図形の枠線 ▾ [図形の枠線] ボタン
をクリックして、[標準の色] の [濃い赤] (左端)
をクリックします。

⑤[ホーム] タブの ▦ 図形の枠線 ▾ [図形の枠線] ボタ
ンをクリックして、[太さ] をポイントして [6pt]
をクリックします。

⑥[ホーム] タブの ▦ [コピー] ボタンをクリック
します。

⑦4枚目のスライドを表示して、[ホーム] タブの
▦ [貼り付け] ボタンをクリックします。

⑧完成例を参考に、両矢印をドラッグして位置や大
きさを調整します。

基礎問題 19 報告 (第14期活動報告書)

テーマ「ウィスプ」でプレゼンテーションを新規作
成します。

1.

①[デザイン] タブの [バリエーション] の ▾ [そ
の他] (または [バリエーション]) ボタンをクリッ
クし、[配色] をポイントして [紫] をクリックし
ます。

2.

①［デザイン］タブの［バリエーション］の ▼ ［その他］（または［バリエーション］）ボタンをクリックし、［フォント］をポイントして［Franklin Gothic］をクリックします。

3.

①［表示］タブの ［スライドマスター］ボタンをクリックします。

②画面左側の一覧で［スライドマスター］（一番上）をクリックします。

③「マスタータイトルの書式設定」と表示されているプレースホルダーの下部中央の ○ ハンドルをドラッグして高さを縮小して上部へ移動します。

4.

①「マスターテキストの書式設定」と表示されているプレースホルダーの上部中央の ○ ハンドルをドラッグして高さを拡張します。

5.

①フッターのプレースホルダーの外枠をクリックして、［ホーム］タブの ≡ ［中央揃え］ボタンをクリックします。

②［挿入］タブの ［ヘッダーとフッター］ボタンをクリックします。

③［ヘッダーとフッター］ダイアログボックスの［スライド］タブの［フッター］チェックボックスをオンにします。

④［フッター］ボックスに「©ABC Foods Co., Ltd.」と入力して、［すべてに適用］をクリックします。

6.

①画面左側の一覧で［タイトルスライド］レイアウト（上から2番目）をクリックします。

②「マスタータイトルの書式設定」と表示されているプレースホルダーの外枠をクリックし、［ホーム］タブの 18 ▾ ［フォントサイズ］ボックスの▼をクリックして、［44］をクリックします。

7.

①「マスタータイトルの書式設定」と表示されているプレースホルダーの下部中央の ○ ハンドルをドラッグして高さを縮小して上部へ移動します。

8.

①画面左側の一覧で［タイトルとコンテンツ］レイアウト（上から3番目）をクリックします。

②「マスタータイトルの書式設定」と表示されているプレースホルダーの下部中央の ○ ハンドルをドラッグして高さを縮小して上部へ移動します。

③「マスターテキストの書式設定」と表示されているプレースホルダーの上部中央の ○ ハンドルをドラッグして高さを拡張します。

④［スライドマスター］タブの ［マスター表示を閉じる］ボタンをクリックします。

9.

①［ホーム］タブの ［新しいスライド］ボタンを2回クリックします。

10.

①完成例を参考に、1〜3枚目のスライドに文字列を入力します。

11.

①2枚目のスライドをクリックします。

②文字列が入力されているコンテンツプレースホルダーの下部中央の ○ ハンドルをドラッグして高さを縮小します。

> 文字が自動調整されて小さくならない程度にします。

③実習用データのExcelファイル「主要経営指標グラフ」をダブルクリックして開きます。

④4つのグラフをShiftキーを押しながらクリックし、［ホーム］タブの ［コピー］ボタンをクリックします。

⑤2枚目のスライドをクリックし、［ホーム］タブの ［貼り付け］ボタンの▼をクリックして、［貼り付けのオプション］の ［図］をクリックします。

⑥完成例を参考に、グラフの位置と大きさをドラッグして調整します。

12.

①［挿入］タブの ［図形］ボタンをクリックして、［ブロック矢印］の ［矢印:右］をクリックします。

②マウスポインターが＋になるので、ドラッグして右矢印を描きます。

③完成例を参考に、売上高のグラフに配置し、［ホーム］タブの 図形の塗りつぶし ▾ ［図形の塗りつぶし］ボタンをクリックして、［標準の色］の［青］（右か

ら3番目）をクリックします。

④右矢印が選択された状態で、[ホーム] タブの [図形の枠線▼] [図形の枠線] ボタンをクリックして、[枠線なし] をクリックします。

⑤右矢印上部の 🔄 回転ハンドルをドラッグして、グラフの傾向に合わせて右矢印の角度を調整します。

⑥手順①～⑤と同様の操作で、他のグラフの上にも右矢印を配置します。折れ線グラフの線形が下降傾向の場合は、塗りつぶしの色は [標準の色] の [濃い赤]（左端）にします。

13.

①3枚目のスライドをクリックします。

②文字列が入力されているコンテンツプレースホルダーの下部中央の ○ ハンドルをドラッグして高さを縮小します。

> 文字が自動調整されて小さくならない程度にします。

③実習用データのExcelファイル「分野別売上高推移グラフ」をダブルクリックして開きます。

④グラフをクリックし、[ホーム] タブの [コピー] ボタンをクリックします。

⑤3枚目のスライドをクリックし、[ホーム] タブの [貼り付け] ボタンの▼をクリックして、[貼り付けのオプション] の [図] をクリックします。

⑥完成例を参考に、グラフの位置と大きさをドラッグして調整します。

14.

①[挿入] タブの [図形] ボタンをクリックして、[四角形] の [正方形/長方形] をクリックします。

②マウスポインターが+になるので、ドラッグして四角形を描きます。

③[ホーム] タブの [図形の塗りつぶし▼] [図形の塗りつぶし] ボタンをクリックして、[テーマの色] の [白、背景1]（1行目、左端）をクリックします。

④[ホーム] タブの [図形の枠線▼] [図形の枠線] ボタンをクリックして、[テーマの色] の [白、背景1、黒+基本色50%]（上から6行目、左端）をクリックします。

⑤[ホーム] タブの [図形の枠線▼] [図形の枠線] ボタンをクリックして、[太さ] をポイントして [0.5] をクリックします。

⑥[ホーム] タブの [図形の効果▼] [図形の効果] ボタンをクリックして、[影] をポイントして [外側] の [オフセット:右下]（1行目、左端）をクリック

します。

⑦Ctrl+Shiftキーを押しながら四角形をドラッグして、下にコピーします。

⑧手順⑦と同様の操作で、もう1つ四角形をコピーして、縦に3つ並べます。

15.

①3つの四角形を囲むようにドラッグし、[ホーム] タブの [フォントの色▼] [フォントの色] ボタンの▼をクリックして、[テーマの色] の [黒、テキスト1]（1行目、左から2番目）をクリックします。

②完成例を参考に、3つの四角形に文字列を入力します。

③3つの四角形を囲むようにドラッグし、[ホーム] タブの [左揃え] ボタンをクリックします。

④一番上の四角形の中の2行目をドラッグして、[ホーム] タブの [18 ▼] [フォントサイズ] ボックスの▼をクリックして、[24] をクリックします。

⑤手順④と同様の操作で、3行目以降のフォントサイズを [12] にします。

⑥一番上の四角形の中の2行目をドラッグして選択し、[ホーム] タブの [フォントの色▼] [フォントの色] ボタンの▼をクリックして、[標準の色] の [濃い赤]（左端）をクリックします。

⑦完成例を参考に、中央、一番下の四角形の中の文字列も手順④～⑥と同様の操作で、同じ書式を設定します。

[基礎問題] **20** 報告（営業部工数調査結果）

「新しいプレゼンテーション」でプレゼンテーションを新規作成します。

1.

①[デザイン] タブの [テーマ] の [▼] [その他]（または [テーマ]）ボタンをクリックして、[テーマの参照] をクリックします。

②[テーマまたはテーマドキュメントの選択] ダイアログボックスで実習用データの「テンプレート_問題20」をクリックして、[適用] をクリックします。

2.

①[ホーム] タブの [新しいスライド] ボタンを5回クリックします。

3.

①完成例を参考に、1～6枚目のスライドのタイト

ルや文字列を入力します。

> 段落を変更しないで改行するには、Shift＋Enterキーを押します。完成例では、2枚目と5枚目のスライドの箇条書き部分で使用しています。例えば、2枚目の「目標：」や「納期：」のあとです。

4.

①3枚目のスライドをクリックします。

②コンテンツプレースホルダーの下部中央の○ハンドルをドラッグして高さを縮小します。

> 文字が自動調整されて小さくならない程度にします。

5.

①[挿入] タブの 🔲 [グラフ] ボタンをクリックします。

②[グラフの挿入] ダイアログボックスの左側のボックスで [横棒] をクリックし、中央のボックスで [100%積み上げ横棒]（1行目、左から3番目）をクリックして、[OK] をクリックします。

③自動的に [Microsoft PowerPoint内のグラフ] ウインドウが起動するので、問題文を参照してデータを [Microsoft PowerPoint内のグラフ] ウインドウに入力します。

④[Microsoft PowerPoint内のグラフ] ウインドウの ✕ 閉じるボタンをクリックします。

6.

①完成例を参考に、作成したグラフが文字列と重ならないようにドラッグして移動し、いずれかの○ハンドルをドラッグして大きさを調整します。

②[グラフのデザイン] タブの 🔲 [クイックレイアウト] ボタンをクリックして、[レイアウト3]（1行目、右端）をクリックします。

③グラフタイトルをクリックし、「グラフタイトル」の文字列をドラッグして選択して、「営業本部工数内訳」と入力します。

④グラフ全体をクリックして、[ホーム] タブの 18 ▼ [フォントサイズ] ボックスの▼をクリックして、[18] をクリックします。

⑤グラフタイトルをクリックして、[ホーム] タブの [フォントサイズ] ボックスの▼をクリックして、[24] をクリックします。

7.

①[グラフのデザイン] タブの 🔲 [色の変更] ボタ

ンをクリックして、[モノクロ] の [モノクロパレット1] をクリックします。

②系列「会議」をクリックして、[書式] タブの 🔲図形の塗りつぶし▼ [図形の塗りつぶし] ボタンをクリックして、[テーマの色] の [オレンジ、アクセント2、白＋基本色40%]（上から4行目、左から6番目）をクリックします。

③手順②と同様の操作で、系列「資料作成」を [テーマの色] の [オレンジ、アクセント2]（1行目、左から6番目）、系列「営業事務」を [テーマの色] の [オレンジ、アクセント2、黒＋基本色25%]（上から5行目、左から6番目）、系列「その他」を [テーマの色] の [白、背景1、黒＋基本色25%]（上から4行目、左端）にします。

8.

①[挿入]タブの 🔲 [図形]ボタンをクリックして、[ブロック矢印] の ⟷ [矢印:左右]をクリックします。

②マウスポインターが＋になるので、完成例を参考にドラッグして左右矢印を描きます。

③[挿入] タブの 🔲 [テキストボックス] ボタンをクリックして、マウスポインターが ↓ になるので、左右矢印の上あたりをクリックして「お客様のために使った時間」と入力します。

④テキストボックスの外枠をクリックし、[ホーム] タブの 18 ▼ [フォントサイズ] ボックスの▼をクリックして、[14] をクリックします。

9.

①4枚目のスライドをクリックします。

②コンテンツプレースホルダーの下部中央の○ハンドルをドラッグして高さを縮小します。

> 文字が自動調整されて小さくならない程度にします。

10.

①3枚目のスライドのグラフをクリックし、[ホーム] タブの 🔲 [コピー] ボタンをクリックします。

②4枚目のスライドをクリックして、[ホーム] タブの 🔲 [貼り付け] ボタンをクリックします。

③完成例を参考に、不要な文字列や左右矢印を削除し、グラフの大きさをドラッグして調整します。

11.

①貼り付けたグラフをクリックして、[グラフのデザイン] タブの 🔲 [データの編集] ボタンをクリックします。

②自動的に［Microsoft PowerPoint内のグラフ］ウインドウが起動するので、問題文を参照してデータを［Microsoft PowerPoint内のグラフ］ウインドウに入力します。

③［Microsoft PowerPoint内のグラフ］ウインドウの ⊠ 閉じるボタンをクリックします。

12.

①6枚目のスライドをクリックします。

②コンテンツプレースホルダーの [SmartArt グラフィックの挿入］をクリックします。

③［SmartArtグラフィックの選択］ダイアログボックスの左側のボックスで**［階層構造］**をクリックし、中央のボックスで**［組織図］**をクリックして、**［OK］** をクリックします。

④完成例を参考に、一番上の四角形のすぐ下の左側に出ている四角形をクリックしてDeleteキーを押します。

⑤2階層目の左端の四角形が選択されているのを確認して、**［SmartArtのデザイン］**タブの [図形の追加] **［図形の追加］**ボタンをクリックします。

⑥3階層目に四角形が追加されるので、**［SmartArtのデザイン］**タブの ← レベル上げ **［レベル上げ］**ボタンをクリックします。

⑦手順⑤～⑥と同様の操作で、四角形をもう1つ追加し、2階層目の四角形が5つになるようにします。

⑧完成例を参考に、組織図の四角形に文字列を入力します。

13.

①［SmartArtのデザイン］タブの［SmartArtのスタイル］の ▽ **［その他］**（または**［クイックスタイル］**）ボタンをクリックし、**［ドキュメントに最適なスタイル］**の**［光沢］**（右端）をクリックします。

②SmartArtの外枠をクリックし、**［ホーム］**タブの B **［太字］**ボタンをクリックします。

14.

①**［挿入］**タブの **［ヘッダーとフッター］**ボタンをクリックします。

②［ヘッダーとフッター］ダイアログボックスの**［スライド］**タブの**［スライド番号］**と**［タイトルスライドに表示しない］**のチェックボックスをオンにして、**［すべてに適用］**をクリックします。

③**［デザイン］**タブの **［スライドのサイズ］**ボタンをクリックして、**［ユーザー設定のスライドのサ**

イズ］をクリックします。

④**［スライドのサイズ］**ダイアログボックスの**［スライド開始番号］**ボックスの▼をクリックして**［0］**にして、**［OK］**をクリックします。

応用問題 **21** テンプレート（月度報告書）

1. 新規プレゼンテーションを作成します。

2. スライドマスターを編集します。

①**［表示］**タブの [スライドマスター] **［スライドマスター］**ボタンをクリックします。

②画面左側の一覧で**［スライドマスター］**（一番上）をクリックします。

③**［スライドマスター］**タブの フォント **［フォント］**ボタンをクリックして、**［Calibri］**をクリックします。

④「マスタータイトルの書式設定」と表示されているプレースホルダーの外枠をクリックし、**［ホーム］**タブの 18 **［フォントサイズ］**ボックスの▼をクリックして、**［36］**をクリックします。

⑤「マスタータイトルの書式設定」と表示されているプレースホルダーの下部中央の ○ ハンドルをドラッグして高さを縮小して上部へ移動します。

⑥「マスターテキストの書式設定」と表示されているプレースホルダーの上部中央の ○ ハンドルをドラッグして高さを拡張します。

⑦「フッター」と表示されているプレースホルダーの外枠をクリックし、**［ホーム］**タブの 18 **［フォントサイズ］**ボックスの▼をクリックして、**［10］**をクリックします。

⑧**［挿入］**タブの [画像] **［画像］**ボタンをクリックし、**［画像の挿入元］**の**［このデバイス...］**をクリックします。

⑨**［図の挿入］**ダイアログボックスで実習用データの画像ファイル「ロゴ」をクリックして、**［挿入］**をクリックします。

⑩画像が選択された状態で、**［図の形式］**タブの 幅: 25.4 cm **［幅］**ボックスを**［5cm］**にし、完成例を参考に右下へドラッグして移動します。

⑪**［挿入］**タブの [図形] **［図形］**ボタンをクリックして、**［四角形］**の □ **［正方形/長方形］**をクリックし、完成例を参考に「マスタータイトルの書式設定」と表示されているプレースホルダーの左側に四角形を描きます。

⑫**［図形の書式］**タブの 図形の枠線 **［図形の枠線］**ボタンの▼をクリックして、**［テーマの色］**の**［青、**

アクセント1]をクリックします。

⑬[挿入]タブの 📊 [図形]ボタンをクリックして、[線]の ╲ [線]をクリックし、完成例を参考に「マスタータイトルの書式設定」と表示されているプレースホルダーの下に直線を描きます。

⑭[挿入]タブの 📊 [図形]ボタンをクリックして、[基本図形]の 🖳 [テキストボックス]をクリックし、空いているところに横書きテキストボックスを描いて、問題文を参考に文書の取り扱いなどに関する記載内容を入力します。

⑮手順⑭のテキストボックスの外枠をクリックし、[ホーム]タブの 18 ▾ [フォントサイズ]ボックスの▼をクリックして、[10]をクリックします。

⑯完成例を参考に、右上にドラッグして移動します。

⑰画面左側の一覧で[タイトルスライド]レイアウト(上から2番目)をクリックします。

⑱[<#>]と表示されているページ番号のプレースホルダーの外枠をクリックし、Deleteキーを押します。

⑲「マスターサブタイトルの書式設定」と表示されているプレースホルダーの外枠をクリックし、[ホーム]タブの ⬚文字の配置▾ [文字の配置]をクリックして、[上下中央揃え]をクリックします。

⑳[挿入]タブの 📊 [図形]ボタンをクリックして、[四角形]の □ [正方形/長方形]をクリックし、完成例を参考にスライド上部に四角形を描きます。

㉑[描画ツール]の[書式]タブの 🎨図形の塗りつぶし▾ [図形の塗りつぶし]ボタンの▼をクリックして、[テーマの色]の[緑、アクセント6、白+基本色60%](上から3行目、右端)をクリックします。

㉒[図形の書式]タブの ☑図形の枠線▾ [図形の枠線]ボタンの▼をクリックして、[緑、アクセント6、白+基本色60%]をクリックします。

㉓手順⑳〜㉒の四角形をクリックし、Ctrl+Cキーを押してコピーし、画面左側の一覧で[セクション見出し]レイアウト(上から4番目)をクリックして、Ctrl+Vキーを押して貼り付けます。

㉔「マスタータイトルの書式設定」と表示されているプレースホルダーの外枠をクリックし、[ホーム]タブの 18 ▾ [フォントサイズ]ボックスの▼をクリックして、[32]をクリックします。

㉕[スライドマスター]タブの 🗙 [マスター表示を閉じる]ボタンをクリックします。

3. スライド番号とフッターを設定します。

①[挿入]タブの 📄 [ヘッダーとフッター]ボタンをクリックします。

②[ヘッダーとフッター]ダイアログボックスの[スライド]タブの[スライド番号]と[フッター]のチェックボックスをオンにします。

③[フッター]ボックスに「©Iroha Learning Co.,Ltd. All rights reserved.」と入力して、[すべてに適用]をクリックします。

④[デザイン]タブの 🖳 [スライドのサイズ]ボタンをクリックして、[ユーザー設定のスライドのサイズ]をクリックします。

⑤[スライドのサイズ]ダイアログボックスの[スライド開始番号]ボックスを[0]にして、[OK]をクリックします。

4. スライドを3枚追加します。

①[ホーム]タブの 🖳 [新しいスライド]ボタンを3回クリックします。

5. 1枚目のスライドを作成します。

①1枚目のスライドをクリックします。

②スライドのタイトルに「○月度報告書」と入力します。

③サブタイトルに「営業本部　○○営業部」と入力します。

6. 2〜4枚目のスライドを作成します。

①2枚目のスライドをクリックし、タイトルに「実績概況」と入力します。

②3枚目のスライドをクリックし、タイトルに「案件進捗状況」と入力します。

③4枚目のスライドをクリックし、タイトルに「課題・対策」と入力します。

7. 名前を付けてテンプレートとして保存します。

①[ファイル]タブをクリックし、[名前を付けて保存]をクリックして[参照]をクリックします。

②任意の保存場所を指定し、[名前を付けて保存]ダイアログボックスの[ファイルの種類]ボックスの▼をクリックして、[PowerPointテンプレート]をクリックします。

③保存先が自動的にテンプレートを保存するための標準設定に変更になるので、必要に応じて保存先を変更し、「問題21-2P」という名前で保存します。

応用問題 22　報告（昇格試験制度）

1. テーマ「インテグラル」(上から2番目、左側のバリエーションを選択)で新規プレゼンテーショ

ンを作成します。

2. スライドマスターを編集します。

①[**表示**]タブの ▣ [**スライドマスター**]ボタンをクリックします。

②画面左側の一覧で[**スライドマスター**](一番上)をクリックします。

③「マスタータイトルの書式設定」と表示されているプレースホルダーの外枠をクリックし、[**ホーム**]タブの 18 ▾ [**フォントサイズ**]ボックスの▼をクリックして、[**32**]をクリックします。

④「マスタータイトルの書式設定」と表示されているプレースホルダーの下部中央の ○ ハンドルをドラッグして高さを縮小して上部へ移動します。

⑤「マスターテキストの書式設定」と表示されているプレースホルダーの外枠をクリックし、[**ホーム**]タブの 18 ▾ [**フォントサイズ**]ボックスの▼をクリックして、[**20**]をクリックします。

⑥「マスターテキストの書式設定」の文字列をクリックし、[**ホーム**]タブの ▤ ▾ [**箇条書き**]ボタンの▼をクリックして、[**塗りつぶしひし形の行頭文字**]をクリックします。

⑦「マスターテキストの書式設定」と表示されているプレースホルダーの上部中央の ○ ハンドルをドラッグして高さを拡張します。

⑧スライド下部にある、フッター、日付、スライド番号のプレースホルダーを囲むようにドラッグし、[**ホーム**]タブの 18 ▾ [**フォントサイズ**]ボックスの▼をクリックして、[**14**]をクリックします。

⑨完成例を参考に、スライド左上にある青色の直線をドラッグして移動します。

⑩画面左側の一覧で[**タイトルスライド**]レイアウト（上から2番目）をクリックします。

⑪「マスタータイトルの書式設定」と表示されているプレースホルダーの外枠をクリックし、[**ホーム**]タブの 18 ▾ [**フォントサイズ**]ボックスの▼をクリックして、[**40**]をクリックします。

⑫「<#>」と表示されているページ番号のプレースホルダーの外枠をクリックし、Deleteキーを押します。

⑬[**スライドマスター**]タブの ▣ [**マスター表示を閉じる**]ボタンをクリックします。

3. スライド番号とフッターを設定します。

①[**挿入**]タブの ▣ [**ヘッダーとフッター**]ボタンをクリックします。

②[**ヘッダーとフッター**]ダイアログボックスの[**ス**

ライド]タブの[**スライド番号**]と[**フッター**]のチェックボックスをオンにします。

③[**フッター**]ボックスに「社外秘・禁複写」と入力して、[**すべてに適用**]をクリックします。

④[**デザイン**]タブの ▣ [**スライドのサイズ**]ボタンをクリックして、[**ユーザー設定のスライドのサイズ**]をクリックします。

⑤[**スライドのサイズ**]ダイアログボックスの[**スライド開始番号**]ボックスを[**0**]にして、[**OK**]をクリックします。

4. スライドを3枚追加します。

①[**ホーム**]タブの ▣ [**新しいスライド**]ボタンを3回クリックします。

5. 1枚目のスライドを作成します。

①1枚目のスライドをクリックします。

②スライドのタイトルに「新昇格試験制度開始報告書」と入力します。

③サブタイトルに「人事部」と入力します。

6. 2枚目のスライドを作成します。

①2枚目のスライドをクリックします。

②完成例を参考に、タイトルと文字列を入力します。

③コンテンツプレースホルダーの外枠をクリックし、[**ホーム**]タブの ▤ ▾ [**箇条書き**]ボタンの▼をクリックして、[**なし**]をクリックします。

④[**ホーム**]タブの 18 ▾ [**フォントサイズ**]ボックスの▼をクリックして、[**24**]をクリックします。

7. 3枚目のスライドを作成します。

①3枚目のスライドをクリックします。

②タイトルに「昇格試験制度の変更点」と入力します。

③完成例を参考に、問題文から読み取った制度の変更点を、コンテンツプレースホルダーに入力します。

④コンテンツプレースホルダーの下部中央の ○ ハンドルをドラッグして高さを縮小します。

⑤[**挿入**]タブの ▣ [**図形**]ボタンをクリックして、[**基本図形**]の ▣ [**テキストボックス**]をクリックし、完成例を参考に横書きテキストボックスを描いて「【従来の制度】」と入力します。

⑥[**挿入**]タブの ▣ [**図形**]ボタンをクリックして、[**ブロック矢印**]の ▭ [**矢印:五方向**]をクリックし、完成例を参考に右矢印ホームベースを描いて「論文・面接」と入力します。

⑦[**ホーム**]タブの ▣ [**クイックスタイル**]ボタン

をクリックして、[テーマスタイル]の[パステル
－ゴールド、アクセント3]（上から4行目、左か
ら4番目）をクリックします。

⑧[挿入]タブの [図形]ボタンをクリックして、
[四角形]の [四角形:角を丸くする]をクリッ
クし、完成例を参考に角丸四角形を描いて「昇格」
と入力します。

⑨[ホーム]タブの [クイックスタイル]ボタン
をクリックして、[テーマスタイル]の[パステル
－アクア、アクセント2]（上から4行目、左から
3番目）をクリックします。

⑩[挿入]タブの [図形]ボタンをクリックして、
[線]の [線矢印]をクリックし、完成例を参
考に右矢印ホームベースから角丸四角形へとつな
ぐ矢印を描きます。

⑪[挿入]タブの [図形]ボタンをクリックして、
[基本図形]の [楕円]をクリックし、完成例
を参考にShiftキーを押しながら円を描いて「合格」
と入力します。

⑫[ホーム]タブの [クイックスタイル]ボタン
をクリックして、[テーマスタイル]の[パステル
－アクア、アクセント2]（上から4行目、左から
3番目）をクリックします。

⑬[挿入]タブの [図形]ボタンをクリックして、
[四角形]の [四角形:角を丸くする]をクリッ
クし、完成例を参考に角丸四角形を描いて「再チャ
レンジ」と入力します。

⑭[ホーム]タブの [クイックスタイル]ボタン
をクリックして、[テーマスタイル]の[枠線のみ
－アクア、アクセント2]（1行目、左から3番目）
をクリックします。

⑮手順⑬の角丸四角形をクリックし、[ホーム]タブ
の 18 [フォントサイズ]ボックスの▼をクリッ
クして、[12]をクリックします。

⑯[挿入]タブの [図形]ボタンをクリックして、
[線]の [線矢印]をクリックし、完成例を参
考に円から手順⑬で作成した角丸四角形へとつな
ぐ矢印を描きます。

⑰[挿入]タブの [図形]ボタンをクリックして、[基
本図形]の [テキストボックス]をクリックし、
完成例を参考に横書きテキストボックスを描いて
「Yes」と入力します。

⑱[挿入]タブの [図形]ボタンをクリックして、[基
本図形]の [テキストボックス]をクリックし、
完成例を参考に横書きテキストボックスを描いて
「No」と入力します。

⑲手順⑤～⑱で作成した図形やテキストボックスを、

「昇格」と入力した角丸四角形を除いてすべて囲
むようにドラッグし、完成例を参考にCtrl＋Shift
キーを押しながらドラッグして、下にコピーしま
す。

⑳手順⑲でコピーしたテキストボックスの「【従来の
制度】」を「【新しい制度】」に修正します。

㉑手順⑲でコピーした右矢印ホームベースの文字列
を削除し、「一次試験」と入力し、Enterキーを押
して「筆記試験」と入力します。

㉒[ホーム]タブの [クイックスタイル]ボタン
をクリックして、[テーマスタイル]の[パステル
－ベージュ、アクセント5]（上から4行目、左か
ら6番目）をクリックします。

㉓[挿入]タブの [図形]ボタンをクリックして、
[ブロック矢印]の [矢印:上]をクリックし、
完成例を参考に上矢印を描きます。

㉔[ホーム]タブの [図形の塗りつぶし]ボタン
をクリックして、[標準の色]の[濃い赤]をクリッ
クします。

㉕[ホーム]タブの[図形の枠線]ボタンをクリック
して[枠線なし]をクリックします。

㉖[挿入]タブの [図形]ボタンをクリックして、[基
本図形]の [テキストボックス]をクリックし、
完成例を参考に横書きテキストボックスを描いて
「新規導入部分」と入力します。

㉗手順㉖の横書きテキストボックスをクリックし、
[ホーム]タブの [フォントの色]ボタンの
▼をクリックして、[標準の色]の[濃い赤]（左端）
をクリックします。

㉘[ホーム]タブの B [太字]ボタンをクリックし
ます。

㉙手順⑤～⑱で作成した図形やテキストボックスを、
「【従来の制度】」と入力した横書きテキストボック
スを除いてすべて囲むようにドラッグし、完成例
を参考にCtrlキーを押しながらドラッグして、矢
印の右側にコピーします。

㉚手順㉙でコピーした右矢印ホームベースの「論文・
面接」の先頭をクリックして、「二次試験」と入力
してEnterキーを押します。

> 制度の変更点は文章でも明記しますが、流れを図
> 解するとわかりやすい資料になります。合格したら
> 次に進めることを明記するために、完成例ではフロー
> チャートのようにYes/Noの分岐を書き入れていま
> す。

8. 4枚目のスライドを作成します。

①4枚目のスライドをクリックします。

②タイトルに「係長昇格試験」と入力します。

③完成例を参考に、問題文から読み取った係長昇格試験の内容を箇条書きで整理して、コンテンツプレースホルダーに入力し、1行ごとにEnterキーを押して段落改行します。

> 箇条書きでの整理は完成例と異なっても構いませんが、問題文に書かれているポイントがすべて書き出されているか確認しましょう。なお、コンテンツプレースホルダー内のフォントサイズは、箇条書きを入力するにつれて枠内に収まるように自動変更されますので、自分で設定する必要はありません。すべて入力し終わった後で、個別に調整したい場合は自分で編集しましょう。

④箇条書きのレベルを変更する行をクリックして、**[ホーム]** タブの **[インデントを増やす]** ボタンをクリックします。

> 完成例では、「一次試験（筆記試験）」と「二次試験（論文・面接）」以外の行のレベルを1段階下げてから、「内容」、「合格基準」、「自主学習教材～」、「論文テーマ～」、「面接は～」以外の行のレベルをさらに1段階下げています。

9. 5枚目のスライドを作成します。

①4枚目のスライドをクリックし、**[ホーム]** タブの **[コピー]** ボタンをクリックして、**[ホーム]** タブの **[貼り付け]** ボタンをクリックします。

②追加された5枚目のスライドのタイトルを「課長昇格試験」と入力します。

③「内容」の「マーケティング」の文字列の最後をクリックし、「、組織、財務」と入力します。

④「合格基準」の「500点以上」を「600点以上」に修正します。

⑤「自主学習教材」の「マーケティング入門」の文字の最後をクリックし、「組織マネジメント」「経営と財務」と入力します。

応用問題 23 報告（トラブル報告書）

1. ファイル「問題23」を開きます。

2. コメントを入力します。

①「顧客名」の最後をドラッグして選択し、**[校閲]** タブの **[新しいコメント]** ボタンをクリックします。

②**[コメント]** 作業ウィンドウのボックスに、問題文を参考に顧客名についてのコメントを入力します。

> Officeのエディションやバージョンによっては **[コメントを投稿する]** ボタンをクリックして投稿します。

③「トラブル内容」の最後をドラッグして選択し、**[校閲]** タブの **[新しいコメント]** ボタンをクリックします。

④**[コメント]** 作業ウィンドウのボックスに、問題文を参考にトラブル内容についてのコメントを入力します。

⑤「残された課題」の最後をドラッグして選択し、**[校閲]** タブの **[新しいコメント]** ボタンをクリックします。

⑥**[コメント]** 作業ウィンドウのボックスに、問題文を参考に残された課題についてのコメントを入力します。

第4章
企画・提案

基礎問題 24 企画（ユーザー会）

テーマ「ファセット」でプレゼンテーションを新規作成します。

1.

①［ホーム］タブの ■[新しいスライド]ボタンを2回クリックします。

2.

①入力例を参考に、文字列を入力します。

3.

①2枚目のスライドをクリックします。

②「お客様との関係性強化」、「新商品拡販」をドラッグして選択し、［ホーム］タブの ▼[インデントを増やす]ボタンをクリックします。

③手順②と同様の操作で、完成例を参考に2枚目、3枚目のスライドの箇条書きのレベルを変更します。

4.

①［表示］タブの ■[スライドマスター]ボタンをクリックします。

②画面左側の一覧で［スライドマスター］（一番上）をクリックします。

③「マスターテキストの書式設定」と表示されているプレースホルダーの外枠をクリックし、［ホーム］タブの ▲[フォントサイズの拡大]ボタンを3回クリックします。

5.

①「マスターテキストの書式設定」という文字列をドラッグして選択し、［ホーム］タブの ▲[フォントの色]ボタンの▼をクリックして、[標準の色]の[濃い青]（右から2番目）をクリックします。

②［ホーム］タブの �B[太字]ボタンをクリックします。

6.

①右下にある<#>と表示されているスライド番号のプレースホルダーの外枠をクリックし、［ホーム］タブの 18 ▼[フォントサイズ]ボックスの▼をクリックして、[20]をクリックします。

②［スライドマスター］タブの ■[マスター表示を閉じる]ボタンをクリックします。

7.

①［挿入］タブの ■[ヘッダーとフッター]ボタンをクリックします。

②[ヘッダーとフッター]ダイアログボックスの[スライド]タブの[スライド番号]と[タイトルスライドに表示しない]のチェックボックスをオンにして、[すべてに適用]をクリックします。

③［デザイン］タブの ■[スライドのサイズ]ボタンをクリックして、[ユーザー設定のスライドのサイズ]をクリックします。

④[スライドのサイズ]ダイアログボックスの[スライド開始番号]ボックスの▼をクリックして[0]にして、[OK]をクリックします。

基礎問題 25 企画（創立十周年記念式典）

テーマ「縞模様」の背景色が白のバリエーションでプレゼンテーションを新規作成します。

1.

①[デザイン]タブの[バリエーション]の ▼[その他]（または[バリエーション]）ボタンをクリックし、[配色]をポイントして[マーキー]をクリックします。

2.

①[デザイン]タブの[バリエーション]の ▼[その他]（または[バリエーション]）ボタンをクリックし、[フォント]をポイントして[Franklin Gothic]をクリックします。

3.

①[表示]タブの ■[スライドマスター]ボタンをクリックします。

②画面左側の一覧で[スライドマスター]（一番上）をクリックします。

③「マスタータイトルの書式設定」と表示されているプレースホルダーの下部中央の ○ ハンドルをドラッグして高さを縮小して上部へ移動します。

④「マスタータイトルの書式設定」と表示されているプレースホルダーの背景にある白い四角形の下部中央の ○ ハンドルをドラッグして高さを縮小して上部へ移動します。

4.

①「マスターテキストの書式設定」と表示されているプレースホルダーの上部中央の○ハンドルをドラッグして高さを拡張します。

②[スライドマスター] タブの 🗙[マスター表示を閉じる] ボタンをクリックします。

5.

①[ホーム] タブの 🗐[新しいスライド] ボタンを2回クリックします。

②追加した2枚のスライドをCtrlキーを押しながらクリックし、[ホーム] タブの 📃レイアウト▼[レイアウト] ボタンをクリックして、[タイトルのみ] をクリックします。

6.

①完成例を参考に、1枚目のスライドにタイトルとサブタイトルを入力します。

②完成例を参考に、2〜3枚目のスライドにタイトルを入力します。

7.

①2枚目のスライドをクリックします。

②[挿入] タブの 📷[図形] ボタンをクリックして、[基本図形] の ⬭[楕円] をクリックします。

③マウスポインターが＋になるので、完成例を参考にShiftキーを押しながらドラッグして円を描きます。

④[ホーム] タブの 🖌[クイックスタイル] ボタンをクリックして、[テーマスタイル] の [グラデーション－オレンジ、アクセント3]（上から5行目、左から4番目）をクリックします。

8.

①円をクリックして「お客様との」と入力し、Enterキーを押して「絆」と入力します。

②円の外枠をクリックし、[ホーム] タブの ⓢ[文字の影] ボタンをクリックします。

9.

①[ホーム] タブの 18 ▼[フォントサイズ] ボックスの▼をクリックして、[24]をクリックします。

②「絆」をドラッグして選択し、[ホーム] タブの 18 ▼[フォントサイズ] ボックスの▼をクリックして、[66] をクリックします。

10.

①Ctrlキーを押しながら円をドラッグして右下にコピーします。

②[ホーム] タブの 🖌[クイックスタイル] ボタンをクリックして、[テーマスタイル] の [グラデーション－アクア、アクセント1]（上から5行目、左から2番目）をクリックします。

③完成例を参考に、文字列を修正します。

11.

①Ctrlキーを押しながら円をドラッグして左下にコピーします。

②[ホーム] タブの 🖌[クイックスタイル] ボタンをクリックして、[テーマスタイル] の [グラデーション－緑、アクセント2]（上から5行目、左から3番目）をクリックします。

③完成例を参考に、文字列を修正します。

12.

①3枚目のスライドをクリックします。

②[挿入] タブの 📷[図形] ボタンをクリックして、[ブロック矢印] の ⬜[矢印:五方向] をクリックします。

③マウスポインターが＋になるので、ドラッグして右矢印ホームベースを描きます。

④[ホーム] タブの 📷[配置] ボタンをクリックして、[回転] をポイントして [左右反転] をクリックします。

13.

①ホームベースが選択されていることを確認し、[ホーム] タブの 🖌[クイックスタイル] ボタンをクリックして、[テーマスタイル] の [枠線のみ－灰色、アクセント4]（1行目、左から5番目）をクリックします。

14.

①Ctrl＋Shiftキーを押しながらホームベースの図形をドラッグして、下にコピーします。

②手順①と同様の操作で、もう1つホームベースをコピーして、縦に3つ並べます。

15.

①完成例を参考に、ホームベースに文字列を入力します。

16.

①3つのホームベースを囲むようにドラッグして複数選択します。

②[ホーム] タブの 18 ▾ [フォントサイズ] ボックスの▼をクリックして、[28]をクリックします。

17.

①2枚目のスライドをクリックします。

②3つの円を複数選択して、[ホーム] タブの [コピー] ボタンをクリックします。

③3枚目のスライドをクリックして、[ホーム] タブの [貼り付け] ボタンをクリックします。

④[ホーム] タブの [フォントサイズの縮小] ボタンを2回クリックします。

⑤完成例を参考に、3つの円が複数選択されている状態でいずれかひとつの円の任意のハンドルをドラッグして、大きさと形を調整して楕円にします。

⑥完成例を参考に、3つの楕円をそれぞれドラッグして位置を調整します。

18.

①2枚目のスライドをクリックします。

②「お客様との絆」の円をクリックして、[アニメーション] タブの [アニメーションの追加] ボタンをクリックして [開始] の [ズーム] をクリックします。

③手順②と同様の操作で「社会との絆」の円に [開始] の [ズーム] を設定します。

④手順②と同様の操作で「社員との絆」の円に [開始] の [ズーム] を設定します。

19.

①3枚目のスライドをクリックします。

②一番上のホームベースをクリックして、[アニメーション] タブの [アニメーションの追加] ボタンをクリックして [開始] の [フェード] をクリックします。

③手順②と同様の操作で上から2番目のホームベースに [開始] の [フェード] を設定します。

④手順②と同様の操作で上から3番目のホームベースに [開始] の [フェード] を設定します。

20.

①[画面切り替え] タブの [画面切り替え] の ▾ [その他]（または [切り替え効果]）ボタンをクリックして、[弱] の [変形] をクリックします。

基礎問題 **26** 提案（フリーアドレス導入）

テーマ「クォータブル」でプレゼンテーションを新規作成します。

1.

①[デザイン] タブの [バリエーション] の ▾ [その他]（または [バリエーション]）ボタンをクリックし、[配色] をポイントして [デザート] をクリックします。

2.

①[デザイン] タブの [バリエーション] の ▾ [その他]（または [バリエーション]）ボタンをクリックし、[フォント] をポイントして [Calibri] をクリックします。

3.

①[表示] タブの [スライドマスター] ボタンをクリックします。

②画面左側の一覧で [スライドマスター]（一番上）をクリックします。

③「マスターテキストの書式設定」と表示されているプレースホルダーの外枠をクリックし、[ホーム] タブの [文字の配置] [文字の配置] ボタンをクリックして、[上揃え] をクリックします。

④[ホーム] タブの [フォントサイズの拡大] ボタンを2回クリックします。

⑤[スライドマスター] タブの [マスター表示を閉じる] ボタンをクリックします。

4.

①[ホーム] タブの [新しいスライド] ボタンを3回クリックします。

②完成例を参考に、1 ～ 4枚目のスライドのタイトルや文字列を入力します。

5.

①2枚目のスライドをクリックします。

②[挿入] タブの [テキストボックス] ボタンをクリックします。

③マウスポインターが ↓ になるので、完成例を参考にスライドの下部をクリックして文字列を入力します。

6.

①3枚目のスライドをクリックします。

②コンテンツプレースホルダーの下部中央の○ハンドルをドラッグして高さを縮小します。

文字が自動調整されて小さくならない程度にします。

③実習用データのExcelファイル「在席率調査結果」をダブルクリックして開きます。

④グラフをクリックし、[ホーム]タブの [コピー]ボタンをクリックします。

⑤PowerPointプレゼンテーションの3枚目のスライドをクリックします。

⑥[ホーム]タブの [貼り付け]ボタンの▼をクリックして、[貼り付けのオプション]の [図]をクリックします。

⑦完成例を参考に、グラフの位置と大きさをドラッグして調整します。

7.

①4枚目のスライドをクリックします。

②コンテンツプレースホルダーの下部中央の○ハンドルをドラッグして高さを縮小します。

文字が自動調整されて小さくならない程度にします。

③実習用データのExcelファイル「コミュニケーションアンケート結果」をダブルクリックして開きます。

④3つのグラフを複数選択し、[ホーム]タブの [コピー]ボタンをクリックします。

⑤PowerPointプレゼンテーションの4枚目のスライドをクリックします。

⑥[ホーム]タブの [貼り付け]ボタンの▼をクリックして、[貼り付けのオプション]の [図]をクリックします。

⑦完成例を参考に、グラフの位置と大きさをドラッグして調整します。

8.

①2枚目のスライドをクリックします。

②「コミュニケーション活性化」の文字列をドラッグして選択して、右クリックしてショートカットメニューの[ハイパーリンク](または[リンク])をクリックします。

③[ハイパーリンクの挿入]ダイアログボックスの[リンク先]の[このドキュメント内]をクリックし、[4.現状 ②コミュニケーション]をクリックして、[OK]をクリックします。

④手順③と同様の操作で、「座席数を社員の70%程度に削減」の文字列に[3.現状 ①オフィススペー

ス]へのハイパーリンクを設定します。

9.

①3枚目のスライドをクリックします。

②[挿入]タブの [図形]ボタンをクリックして、[動作設定ボタン]の [動作設定ボタン:戻る/前へ]をクリックします。

③マウスポインターが+になるので、完成例を参考にスライドの右下に動作設定ボタンを描きます。

④[オブジェクトの動作設定]ダイアログボックスが表示されるので、[ハイパーリンク]ボックスの▼をクリックして、[スライド]をクリックします。

⑤[スライドへのハイパーリンク]ダイアログボックスの[スライドタイトル]ボックスの[2.フリーアドレス導入提案概要]をクリックして、[OK]をクリックします。

⑥[オブジェクトの動作設定]ダイアログボックスの[OK]をクリックします。

⑦手順②～⑥で作成した動作設定ボタンをクリックして、[ホーム]タブの [コピー]ボタンをクリックします。

⑧4枚目のスライドをクリックして、[ホーム]タブの [貼り付け]ボタンをクリックします。

10.

①[デザイン]タブの[バリエーション]の [その他](または[バリエーション])ボタンをクリックし、[配色]をポイントして[色のカスタマイズ]をクリックします。

②[テーマの新しい配色パターンの作成]ダイアログボックスの[テーマの色]の[ハイパーリンク]の▼をクリックして、[テーマの色]の[白、テキスト1](1行目、左から2番目)をクリックします。

③[表示済みのハイパーリンク]の▼をクリックして、[テーマの色]の[白、テキスト1](1行目、左から2番目)をクリックして、[保存]をクリックします。

基礎問題 27 提案（社員報奨旅行）

「新しいプレゼンテーション」でプレゼンテーションを新規作成します。

1.

①[デザイン]タブの[テーマ]の [その他](または[テーマ])ボタンをクリックして、[テーマの参照]をクリックします。

②[テーマまたはテーマドキュメントの選択] ダイア
ログボックスで実習用データのファイル「テンプ
レート_問題27」をクリックして、[適用] をクリッ
クします。

2.

①完成例を参考に、タイトルとサブタイトル（社名）
を入力します。

3.

①[挿入] タブの [テキストボックス] ボタンを
クリックします。

②マウスポインターが↓になるので、任意の位置を
クリックして「イロハ工業株式会社　御中」と入
力します。

③テキストボックスの外枠をクリックし、[ホーム]
タブの [フォントの色] ボタンの▼をクリッ
クして、[テーマの色] の [白、背景1]（左端）
をクリックします。

④[ホーム] タブの 18 [フォントサイズ] ボッ
クスの▼をクリックして、[24]をクリックします。

⑤[ホーム] タブの B [太字] ボタンをクリックし
ます。

⑥完成例を参考に、テキストボックスをタイトルの
左上までドラッグして移動します。

4.

①[ホーム] タブの [新しいスライド] ボタンを
2回クリックします。

②追加した2枚のスライドをCtrlキーを押しながら
クリックし、[ホーム] タブの [レイアウト] [レイア
ウト] ボタンをクリックして、[タイトルのみ] を
クリックします。

③完成例を参考に、2～3枚目のスライドにタイト
ルを入力します。

5.

①2枚目のスライドをクリックします。

②[挿入] タブの [テキストボックス] ボタンを
クリックします。

③マウスポインターが↓になるので、完成例を参考
にスライドの上部をクリックして文字列を入力し
ます。

6.

①[挿入] タブの [図形] ボタンをクリックして、
[四角形] の [四角形:角を丸くする] をクリッ

クします。

②マウスポインターが＋になるので、完成例を参考
に角丸四角形を描きます。

③ 黄色のハンドルを右側にドラッグして、角の丸
みを最大にします。

④[ホーム] タブの [クイックスタイル] ボタン
をクリックして、[テーマスタイル] の [パステル
ー青、アクセント1]（上から4行目、左から2番目）
をクリックします。

7.

①完成例を参考に、角丸四角形に文字列を入力しま
す。

②角丸四角形をクリックし、[ホーム] タブの 18
[フォントサイズ] ボックスの▼をクリックして、
[24] をクリックします。

③[ホーム] タブの [太字] ボタンをクリックします。

④「¥198,000」をドラッグして選択し、[ホーム]
タブの [フォントの色] ボタンの▼をクリッ
クして、[標準の色] の [濃い赤]（左端）をクリッ
クします。

8.

①[挿入] タブの [図形] ボタンをクリックして、
[基本図形] の [楕円] をクリックします。

②マウスポインターが＋になるので、完成例を参考
にShiftキーを押しながら円を描きます。

③[ホーム] タブの [図形の塗りつぶし] [図形の塗りつぶ
し]ボタンをクリックして、[図]をクリックします。

④[図の挿入] ウィンドウの [ファイルから]をクリッ
クします。

⑤[図の挿入] ダイアログボックスで実習用データの
画像ファイル「ヤシの木」をクリックして、[挿入]
をクリックします。

9.

①円をドラッグして角丸四角形の左端に重ねるよう
に移動します。

②完成例を参考に、円の大きさをShiftキーを押しな
がらドラッグして調整します。

10.

①[挿入] タブの [テキストボックス] ボタンを
クリックします。

②マウスポインターが↓になるので、完成例を参考
に角丸四角形の下をクリックして文字列を入力し
ます。

③最終行をドラッグして選択し、[ホーム] タブの ▲▾[フォントの色] ボタンの▼をクリックして、[標準の色] の [濃い赤]（左端）をクリックします。

④[ホーム] タブの B [太字] ボタンをクリックします。

11.

①角丸四角形と円を囲むようにドラッグし、[ホーム] タブの 📋 [コピー] ボタンをクリックします。

②3枚目のスライドをクリックして、[ホーム] タブの 📋 [貼り付け] ボタンをクリックします。

③完成例を参考に、角丸四角形と円をドラッグして位置を調整します。

④完成例を参考に、角丸四角形の中の文字列を修正します。

⑤3行目をドラッグして選択し、[ホーム] タブの 18 ▾ [フォントサイズ] ボックスの▼をクリックして、[16] をクリックします。

⑥[ホーム] タブの ▲▾ [フォントの色] ボタンの▼をクリックして、[標準の色] の [濃い赤]（左端）をクリックします。

12.

①[挿入] タブの 🔳 [図形] ボタンをクリックして、[四角形] の □ [正方形／長方形] をクリックします。

②マウスポインターが＋になるので、完成例を参考に左端の四角形をドラッグして描きます。

③[ホーム] タブの 🎨 図形の塗りつぶし▾ [図形の塗りつぶし] ボタンをクリックして、[テーマの色] の [白、背景1]（1行目、左端）をクリックします。

④[ホーム] タブの 🖊 図形の枠線▾ [図形の枠線] ボタンをクリックして、[テーマの色] の [灰色、アクセント3]（1行目、右から4番目）をクリックします。

⑤[ホーム] タブの 🔷 図形の効果▾ [図形の効果] ボタンをクリックして、[影] をポイントして [外側] の [オフセット:右下]（1行目、左端）をクリックします。

⑥[ホーム] タブの ▲▾ [フォントの色] ボタンの▼をクリックして、[テーマの色] の [黒、テキスト1]（1行目、左から2番目）をクリックします。

⑦Ctrl＋Shiftキーを押しながら四角形をドラッグして、水平右方向にコピーします。

⑧手順⑦と同様の操作で、完成例を参考に四角形をコピーして、横に4つ並べます。

⑨4つの四角形を複数選択して [ホーム] タブの [配置] ボタンをクリックし、[配置] の [左右に整列]

をクリックします。

> 複数の同じ図形を並べるチャートでは、間隔が揃っているほうが整理された印象になります。揃えたい図形を複数選択して [配置] の [左右に整列] を設定すると、左右の間隔が揃います。[上下に整列] を設定すると上下の間隔が揃います。

13.

①完成例を参考に、4つの四角形に文字列を入力します。

14.

①[挿入] タブの 🔳 [図形] ボタンをクリックして、[基本図形] の ○ [惰円] をクリックします。

②マウスポインターが＋になるので、完成例を参考に左端の四角形の上部中央にShiftキーを押しながらドラッグして円を描きます。

③[ホーム] タブの 🎨 図形の塗りつぶし▾ [図形の塗りつぶし] ボタンをクリックして、[テーマの色] の [白、背景1、黒＋基本色35%]（上から5行目、左端）をクリックします。

④[ホーム] タブの 🖊 図形の枠線▾ [図形の枠線] ボタンをクリックして、[枠線なし] をクリックします。

⑤円の中に「1」と入力します。

⑥円をクリックし、[ホーム] タブの 18 ▾ [フォントサイズ] ボックスの▼をクリックして、[32] をクリックします。

⑦Ctrl＋Shiftキーを押しながら円をドラッグして、完成例を参考に2番目の四角形の上部中央へコピーします。

⑧手順⑦と同様の操作で、3番目、4番目の四角形の上部中央にも円をコピーします。

⑨完成例を参考に、コピーした円の中の番号を修正します。

応用問題 28 企画（環境マネジメント対策）

1. 新規プレゼンテーションを作成します。

2. 「テンプレート_問題28」を適用します。

①[デザイン] タブの [テーマ] の ▾ [その他]（または [テーマ]）ボタンをクリックして、[テーマの参照] をクリックします。

②[テーマまたはテーマドキュメントの選択] ダイアログボックスで実習用データの「テンプレート_問題28」をクリックして、[適用] をクリックします。

3. スライドを3枚追加します。

①[ホーム]タブの [新しいスライド]ボタンを3回クリックします。

4. 1枚目のスライドを作成します。

①1枚目のスライドをクリックします。

②スライドのタイトルに「環境マネジメント対策企画書」と入力します。

③サブタイトルに「生産技術センター」と入力し、Enterキーを押して「EMS推進課」と入力します。

5. 2枚目のスライドを作成します。

①2枚目のスライドをクリックします。

②[ホーム]タブの [レイアウト]ボタンをクリックして、[タイトルのみ]をクリックします。

③タイトルに「環境マネジメント　3つの視点(3R)」と入力します。

④[挿入]タブの [図形]ボタンをクリックして、[基本図形]の○[楕円]をクリックし、完成例を参考にShiftキーを押しながら円を描いて「Reduce」と入力します。

⑤[ホーム]タブの [クイックスタイル]ボタンをクリックして、[テーマスタイル]の[光沢－緑、アクセント6]（上から6行目、右端）をクリックします。

⑥円の外枠をクリックし、[ホーム]タブの[18▼][フォントサイズ]ボックスの▼をクリックして、[32]をクリックします。

⑦[ホーム]タブの[太字]ボタンをクリックします。

⑧完成例を参考に、円をCtrlキーを押しながらドラッグし、左下にコピーして文字を「Reuse」に修正します。

⑨完成例を参考に、手順④の円をCtrlキーを押しながらドラッグし、右下にコピーして文字を「Recycle」に修正します。

⑩[挿入]タブの [図形]ボタンをクリックして、[線]の＼[線]をクリックし、完成例を参考に「Reduce」と入力した円から引き出し線が出るように直線を描きます。

⑪[ホーム]タブの [図形の枠線]ボタンの▼をクリックして、[テーマの色]の[黒、テキスト1]（1行目、左から2番目）をクリックします。

⑫[ホーム]タブの [図形の枠線]ボタンの▼をクリックして、[太さ]をポイントして[1.5]をクリックします。

⑬完成例を参考に、直線をCtrlキーを押しながらドラッグして、「Reuse」と入力した円から引き出し線が出るようにコピーし、長さを調整します。

⑭手順⑫と同様の操作で、「Recycle」と入力した円からも引き出し線を配置します。

⑮[挿入]タブの [図形]ボタンをクリックして、[基本図形]の[テキストボックス]をクリックし、完成例を参考に横書きテキストボックスを描いて「廃棄物の発生抑止」と入力します。

⑯横書きテキストボックスの外枠をクリックし、[ホーム]タブの[18▼][フォントサイズ]ボックスの▼をクリックして、[32]をクリックします。

⑰[ホーム]タブの[B][太字]ボタンをクリックします。

⑱完成例を参考にテキストボックスの位置を調整します。

⑲完成例を参考に、テキストボックスをCtrlキーを押しながらドラッグして、2つ目の線の上にコピーして文字を「再利用」に修正し、位置を調整します。

⑳手順⑰と同様の操作で、3つ目の線の上にコピーして文字を「再生利用」に修正し、位置を調整します。

6. 3枚目のスライドを作成します。

①3枚目のスライドをクリックします。

②タイトルに「生産技術センターでの取り組み」と入力します。

③完成例を参考に、問題文から読み取ったことを、コンテンツプレースホルダーに文章で入力します。

④コンテンツプレースホルダーの下部中央の○ハンドルをドラッグして高さを縮小します。

⑤[挿入]タブの [図形]ボタンをクリックして、[四角形]の□[四角形:角を丸くする]をクリックし、完成例を参考に角丸四角形を描きます。

⑥[ホーム]タブの [クイックスタイル]ボタンをクリックして、[テーマスタイル]の[パステル－緑、アクセント6]（上から4行目、右端）をクリックします。

⑦角丸四角形に「Reduce Project」と入力し、Enterキーを押して「廃棄物80%削減を目指した生産の見直し」と入力します。

⑧[ホーム]タブの[18▼][フォントサイズ]ボックスの▼をクリックして、[28]をクリックします。

⑨[ホーム]タブの[B][太字]ボタンをクリックします。

⑩Ctrl＋Shiftキーを押しながら角丸四角形をドラッグして、下にコピーして文字を「Reuse

Project」、「ユニット単位での再利用推進」に修正します。

⑪手順⑩と同様の操作で、角丸四角形をコピーし、文字を「Recycle Project」、「回収→再生利用のしくみ作り」に修正します。

⑫それぞれの角丸四角形の中の「廃棄物80%削減」、「ユニット単位での再利用」、「回収→再生利用」をCtrlキーを押しながらドラッグして選択し、[ホーム] タブの [A▾] [フォントの色] ボタンの▼をクリックして、[標準の色] の [濃い赤] (左端)をクリックします。

⑬2枚目のスライドをクリックします。

⑭3つの円を複数選択して、[ホーム] タブの [▣] [コピー] ボタンをクリックします。

⑮3枚目のスライドをクリックして、[ホーム] タブの [貼り付け] ボタンをクリックします。

⑯[ホーム] タブの [A▴] [フォントサイズの縮小] ボタンを2回クリックします。

⑰完成例を参考に、3つの円が複数選択されている状態でいずれかひとつの円の任意のハンドルをドラッグして、大きさと形を調整して楕円にします。

⑱完成例を参考に、3つの楕円をそれぞれドラッグして位置を調整します。

⑲一番上の角丸四角形をクリックして、[アニメーション] タブの [アニメーションの追加] ボタンをクリックして [開始] の [フェード] をクリックします。

⑳手順⑲と同様の操作で上から2番目の角丸四角形に [開始] の [フェード] を設定します。

㉑手順⑲と同様の操作で上から3番目の角丸四角形に [開始] の [フェード] を設定します。

㉒[画面切り替え] タブの [画面切り替え] の [▾] [その他] (または [切り替え効果]) ボタンをクリックして、[弱] の [変形] をクリックします。

7. 4枚目のスライドを作成します。

①4枚目のスライドをクリックします。

②タイトルに「Project Manager候補者」と入力します。

③完成例を参考に、問題文から読み取ったことを、コンテンツプレースホルダーに文章で入力します。

④コンテンツプレースホルダーの下部中央の○ハンドルをドラッグして高さを縮小します。

⑤[挿入] タブの [図形] ボタンをクリックして、[四角形] の [□] [四角形:角を丸くする] をクリックし、角丸四角形を描きます。

⑥[ホーム] タブの [クイックスタイル] ボタン

をクリックして、[テーマスタイル] の [パステルー緑、アクセント6] (上から4行目、右端) をクリックします。

⑦完成例を参考に、角丸四角形に文字列を入力します。

⑧角丸四角形の外枠をクリックし、[ホーム] タブの [18 ▾] [フォントサイズ] ボックスの▼をクリックして、[24] をクリックします。

⑨[ホーム] タブの [B] [太字] ボタンをクリックします。

⑩Ctrl＋Shiftキーを押しながら角丸四角形をドラッグして、右にコピーし、完成例を参考に文字列を修正します。

⑪手順⑩と同様の操作で、角丸四角形をコピーし、完成例を参考に文字列を修正します。

⑫2枚目のスライドをクリックします。

⑬3つの円を複数選択して、[ホーム] タブの [▣] [コピー] ボタンをクリックします。

⑭4枚目のスライドをクリックして、[ホーム] タブの [貼り付け] ボタンをクリックします。

⑮完成例を参考に、3つの円が複数選択されている状態でいずれかひとつの円の任意のハンドルをドラッグして、大きさと形を調整して楕円にします。

⑯完成例を参考に、3つの楕円をそれぞれドラッグして位置を調整します。

⑰[画面切り替え] タブの [画面切り替え] の [▾] [その他] (または [切り替え効果]) ボタンをクリックして、[弱] の [変形] をクリックします。

応用 問題 29 提案 (運営体制改善提案)

1. テーマ「レトロスペクト」で新規プレゼンテーションを作成します。

2. バリエーションの配色を変更します。

①[デザイン] タブの [バリエーション] の [▾] [その他] (または [バリエーション]) ボタンをクリックし、[配色] をポイントして [暖かみのある青] をクリックします。

3. バリエーションのフォントを変更します。

①[デザイン] タブの [バリエーション] の [▾] [その他] (または [バリエーション]) ボタンをクリックし、[フォント] をポイントして [Franklin Gothic] をクリックします。

4. スライドマスターを編集します。

①[表示] タブの □ [スライドマスター] ボタンをクリックします。

②画面左側の一覧で [スライドマスター]（一番上）をクリックします。

③「マスタータイトルの書式設定」と表示されているプレースホルダーの外枠をクリックし、[ホーム] タブの [フォントサイズ] ボックスの▼をクリックして [36] をクリックします。

④「マスタータイトルの書式設定」と表示されているプレースホルダーの下部中央の ○ ハンドルをドラッグして高さを縮小します。

⑤「マスターテキストの書式設定」と表示されているプレースホルダーのすぐ上にある直線をドラッグして位置を上に移動します。

⑥「マスターテキストの書式設定」と表示されているプレースホルダーの上部中央の ○ ハンドルをドラッグして高さを拡張します。

⑦画面左側の一覧で [タイトルスライド] レイアウト（上から2番目）をクリックします。

⑧「マスタータイトルの書式設定」と表示されているプレースホルダーの外枠をクリックし、[ホーム] タブの [フォントサイズ] ボックスの▼をクリックして [48] をクリックします。

⑨[ホーム] タブの [文字の配置] ボタンをクリックして [上下中央揃え] をクリックします。

⑩[スライドマスター] タブの □ [マスター表示を閉じる] ボタンをクリックします。

5. スライドを2枚追加してレイアウトを変更します。

①[ホーム] タブの □ [新しいスライド] ボタンを1回クリックします。

②[ホーム] タブの □ レイアウト▼ [レイアウト] ボタンをクリックして、[タイトルのみ] をクリックします。

③[ホーム] タブの □ [新しいスライド] ボタンを1回クリックします。

6. 1枚目のスライドを作成します。

①1枚目のスライドをクリックします。

②タイトルに「ショウルーム」と入力し、Enterキーを押して「運営体制改善提案」と入力します。

③サブタイトルに「システムエンジニアリング部」入力し、Shift+Enterキーを押して「技術サポート課」と入力します。

7. 2枚目のスライドを作成します。

①2枚目のスライドをクリックします。

②完成例を参考に、タイトルを入力します。

③[挿入] タブの □ [図形] ボタンをクリックして、[四角形] の □ [四角形:角を丸くする] をクリックし、完成例を参考に角丸四角形を描いて文字列を入力します。

④[ホーム] タブの □ [クイックスタイル] ボタンをクリックして、[テーマスタイル] の [パステルー青、アクセント2]（上から4行目、左から3番目）をクリックします。

⑤[ホーム] タブの 18 ▼ [フォントサイズ] ボックスの▼をクリックして、[28] をクリックします。

⑥[挿入] タブの □ [図形] ボタンをクリックして、[四角形] の □ [正方形/長方形] をクリックし、完成例を参考に長方形を描きます。

⑦[ホーム] タブの □ [クイックスタイル] ボタンをクリックして、[テーマスタイル] の [枠線のみー青、アクセント2]（1行目、左から3番目）をクリックします。

⑧完成例を参考に、長方形に文字列を入力し、「～するために」の後でEnterキーを押して改行します。

⑨完成例を参考に、2行目をドラッグして選択し、[ホーム] タブの 18 ▼ [フォントサイズ] ボックスの▼をクリックして、[28] をクリックします。

⑩Ctrlキーを押しながら長方形をドラッグして、下にコピーします。

⑪完成例を参考に、2つ目の長方形の文字列を修正します。

⑫[挿入] タブの □ [図形] ボタンをクリックして、[ブロック矢印] の □ [矢印:五方向] をクリックし、完成例を参考に右矢印ホームベースを描きます。

⑬完成例を参考に、右矢印ホームベースの ○ 黄色のハンドルをドラッグして形を調整します。

⑭右矢印ホームベースに「提案1」と入力し、右矢印ホームベースの外枠をクリックして、[ホーム] タブの 18 ▼ [フォントサイズ] ボックスの▼をクリックして [24] をクリックします。

⑮[ホーム] タブの □ [クイックスタイル] ボタンをクリックして、[テーマスタイル] の [光沢ーブルーグレー、アクセント1]（上から6行目、左から2番目）をクリックします。

⑯Ctrlキーを押しながら右矢印ホームベースをドラッグして、下にコピーします。

⑰2つ目の右矢印ホームベースの文字列を「提案2」に修正します。

⑱「提案1」の右矢印ホームベースと長方形を囲むよ

うにドラッグし、[**アニメーション**] タブの [**アニメーションの追加**] ボタンをクリックして、[**開始**] の [**フェード**] をクリックします。

⑲「提案2」の右矢印ホームベースと長方形を囲むようにドラッグし、[**アニメーション**] タブの [**アニメーションの追加**] ボタンをクリックして、[**開始**] の [**フェード**] をクリックします。

8. 3枚目のスライドを作成します。

①3枚目のスライドをクリックします。

②完成例を参考に、タイトルを入力します。

③2枚目のスライドをクリックして、角丸四角形をクリックし、[**ホーム**] タブの [**コピー**] ボタンをクリックします。

④3枚目のスライドをクリックして、[**ホーム**] タブの [**貼り付け**] ボタンをクリックします。

⑤完成例を参考に、角丸四角形の文字列を修正します。

⑥角丸四角形の1行目をドラッグして選択し、[**ホーム**] タブの 18 ▼ [**フォントサイズ**] ボックスの▼をクリックして、[**18**] をクリックします。

⑦[**挿入**] タブの [**図形**] ボタンをクリックして、[**四角形**] の [**正方形/長方形**] をクリックし、長方形を描きます。

⑧手順⑦と同様の操作で、問題文の現状のフロー図を参考に長方形を4つ描いて表のように並べます。

⑨4つの長方形を囲むようにドラッグし、[**ホーム**] タブの [**クイックスタイル**] ボタンをクリックして、[**テーマスタイル**] の [**枠線のみ－青、アクセント2**] (1行目、左から3番目) をクリックします。

⑩左側の小さい2つの四角形に、「SE部」、「受付」と入力します。

⑪小さい2つの四角形を囲むようにドラッグし、[**ホーム**] タブの [**文字列の方向**] ボタンをクリックして、[**縦書き**] をクリックします。

⑫問題文の現状のフロー図を参考に、[**挿入**] タブの [**図形**] ボタンをクリックして、[**四角形**] の [**正方形/長方形**] をクリックし、正方形を描きます。

> 正確に正方形を描くには、マウスポインターが＋になった状態で、Shiftキーを押しながらドラッグして描きます。

⑬Ctrlキーを押しながら正方形をドラッグして、8つコピーして問題文の現状のフロー図を参考に配置

します。

⑭[**挿入**] タブの [**図形**] ボタンをクリックして、[**線**] の [**線矢印**] を右クリックし、ショートカットメニューの [**描画モードのロック**] をクリックします。

⑮連続して矢印が描ける状態になるので、問題文の現状のフロー図を参考に正方形を矢印でつなぎます。

⑯すべて矢印を描いたら、Escキーを押して描画モードのロックを解除します。

⑰フロー図の8つの正方形とすべての矢印を囲むようにドラッグし、[**ホーム**] タブの [**図形の塗りつぶし**] ボタンの▼をクリックして、[**塗りつぶしなし**] をクリックします。

⑱[**ホーム**] タブの [**図形の枠線**] ボタンの▼をクリックして、[**テーマの色**] の [**青、アクセント2、黒＋基本色50%**] (上から6行目、左から6番目) をクリックします。

⑲[**ホーム**] タブの [**フォントの色**] ボタンの▼をクリックして、[**テーマの色**] の [**黒、テキスト1**] (1行目、左から2番目) をクリックします。

⑳問題文の現状のフロー図を参考に、8つの正方形に文字列を入力します。

㉑[**挿入**] タブの [**図形**] ボタンをクリックして、[**ブロック矢印**] の [**矢印:右**] をクリックし、完成例を参考に右矢印を描きます。

㉒[**ホーム**] タブの [**クイックスタイル**] ボタンをクリックして、[**テーマスタイル**] の [**光沢－ブルーグレー、アクセント1**] (上から6行目、左から2番目) をクリックします。

㉓完成例を参考に、右矢印に文字列を入力します。

㉔右矢印をクリックし、[**アニメーション**] タブの [**アニメーションの追加**] ボタンをクリックして、[**開始**] の [**フェード**] をクリックします。

9. 4枚目のスライドを作成します。

①3枚目のスライドをクリックし、[**ホーム**] タブの [**コピー**] ボタンをクリックします。

②[**ホーム**] タブの [**貼り付け**] ボタンをクリックします。

③完成例を参考に、4枚目のスライドのタイトルを修正します。

④完成例を参考に、角丸四角形の文字列を修正します。

⑤角丸四角形をクリックし、[**ホーム**] タブの 18 ▼ [**フォントサイズ**] ボックスの▼をクリックして、[**28**] をクリックします。

⑥角丸四角形の1行目、3行目をCtrlキーを押しながらドラッグして選択し、[ホーム] タブの [18 ▼] [フォントサイズ] ボックスの▼をクリックして、[18] をクリックします。

⑦完成例を参考に、改善後のフロー図を参考に正方形をドラッグして配置し、不要な正方形1つと矢印を削除します。

⑧[挿入] タブの [図形] ボタンをクリックして、[線] の [線矢印] を右クリックし、ショートカットメニューの[描画モードのロック]をクリックし、完成例を参考に必要な矢印を描きます。

⑨矢印を描いたら、Escキーを押して描画モードのロックを解除します。

⑩新たに描いた矢印を囲むようにドラッグし、[ホーム] タブの [図形の枠線▼] [図形の枠線] ボタンの▼をクリックして、[テーマの色] の [青、アクセント2、黒＋基本色50%]（上から6行目、左から6番目）をクリックします。

⑪完成例を参考に、フロー図の正方形の文字列を修正します。

⑫完成例を参考に、右矢印の文字列を修正し、右矢印の長さと位置をドラッグして調整します。

⑬[挿入] タブの [テキストボックス] ボタンをクリックして、任意の位置をクリックして文字列を入力します。

⑭完成例を参考に、テキストボックスの外枠をドラッグして位置を調整します。

⑮完成例を参考に、強調したい3つの正方形をCtrlキーを押しながらクリックし、[ホーム] タブの [図形の枠線▼] [図形の枠線] ボタンの▼をクリックして、[太さ] をポイントして [3] をクリックします。

応用問題 30 提案（リゾートマンションのご提案）

1. テーマ「クォータブル」で新規プレゼンテーションを作成します。

2. バリエーションの配色を変更します。
①[デザイン] タブの [バリエーション] の [▼] [その他]（または [バリエーション]）ボタンをクリックし、[配色] をポイントして [青Ⅱ] をクリックします。

3. スライドマスターを編集します。
①[表示] タブの [スライドマスター] ボタンをクリックします。

②画面左側の一覧で [スライドマスター]（一番上）をクリックします。

③「マスターテキストの書式設定」と表示されているプレースホルダーの外枠をクリックし、[ホーム] タブの [文字の配置▼] [文字の配置] ボタンをクリックして、[上揃え] をクリックします。

④[ホーム] タブの [B] [太字] ボタンをクリックします。

⑤[スライドマスター] タブの [マスター表示を閉じる] ボタンをクリックします。

4. スライドを2枚追加します。
①[ホーム] タブの [新しいスライド] ボタンを2回クリックします。

5. 1枚目のスライドを作成します。
①1枚目のスライドをクリックします。

②タイトルに「リゾートマンション」と入力し、Enterキーを押して「タイムシェア倶楽部のご紹介」と入力します。

③サブタイトルに「ABCトラベル株式会社　海外リゾート事業部」と入力します。

6. 2枚目のスライドを作成します。
①2枚目のスライドをクリックします。

②完成例を参考に、タイトルを入力します。

③完成例を参考に、コンテンツプレースホルダーに文字列を入力します。

④コンテンツプレースホルダーの下部中央の○ハンドルをドラッグして高さを縮小します。

⑤[挿入] タブの [表] ボタンをクリックして、[表の挿入] で3行×2列をドラッグします。

⑥[テーブルデザイン] タブの [タイトル行] と [縞模様（行）] のチェックボックスをオフにします。

⑦[テーブルデザイン] タブの [表のスタイル] の [▼] [その他]（または [テーブルスタイル]）ボタンをクリックして、[中間] の [中間スタイル4－アクセント2]（上から4行目、左から3番目）をクリックします。

⑧完成例を参考に、表の外枠をドラッグして位置を移動し、任意の○ハンドルをドラッグして大きさを調整します。

⑨完成例を参考に、表に文字列を入力します。

⑩表の外枠をクリックして、[ホーム] タブの [B] [太字] ボタンをクリックします。

⑪必要に応じて、列の境界線にマウスポインターを合わせ、ドラッグして列幅を調整します。

⑫[挿入] タブの [テキストボックス] ボタンを
クリックして、完成例を参考にスライドの下部を
クリックして文字列を入力します。

⑬テキストボックスの外枠をクリックし、[ホーム]
タブの B [太字] ボタンをクリックします。

7. 3枚目のスライドを作成します。

①3枚目のスライドをクリックします。

②完成例を参考に、タイトルを入力します。

③完成例を参考に、コンテンツプレースホルダーに
文字列を入力します。

④コンテンツプレースホルダーの下部中央の ○ ハン
ドルをドラッグして高さを縮小します。

⑤[挿入] タブの [画像] ボタンをクリックし、[画
像の挿入元] の [このデバイス...] をクリックし
ます。

⑥[図の挿入] ダイアログボックスで実習用データの
画像ファイル「ハワイ」をクリックして、[挿入]
をクリックします。

⑦完成例を参考に、挿入した画像をドラッグして配
置します。

⑧必要に応じて、画像の四隅のいずれかの ○ ハンド
ルをドラッグして大きさを調整します。

⑨画像をクリックし、[図の形式] タブの [図のスタ
イル] の ▼ [その他]（または [クイックスタイ
ル]）ボタンをクリックして、[楕円、ぼかし]（上
から3行目、右から2番目）をクリックします。

⑩[挿入] タブの [テキストボックス] ボタンを
クリックして、任意の位置をクリックして「イメー
ジ画像」と入力します。

⑪テキストボックスの外枠をクリックし、[ホーム]
タブの 18 ▼ [フォントサイズ] ボックスの▼を
クリックして、[14] をクリックします。

⑫完成例を参考に、テキストボックスの位置をドラッ
グして調整します。

⑬[挿入] タブの [画像] ボタンをクリックします。

⑭[図の挿入] ダイアログボックスで実習用データの
「キッチン」、「玄関」、「リビングルーム」を複数選
択して、[挿入] をクリックします。

⑮3つの画像が挿入されるので、完成例を参考に画
像のいずれかの ○ ハンドルをドラッグして大きさ
を調整し、位置をドラッグして調整します。

⑯[挿入] タブの [テキストボックス] ボタンを
クリックして、玄関の画像の下をクリックして「玄
関」と入力します。

⑰テキストボックスの外枠をクリックし、[ホーム]
タブの B [太字] ボタンをクリックします。

⑱手順⑯～⑰と同様の操作で、「キッチン」、「リビン
グルーム」の文字列をそれぞれの画像の下に配置
します。

第5章
プレゼンテーション

基礎問題 31　プレゼン（プレゼンテーション研修のご提案）

ファイル「プレゼンテーション研修のご提案」を開きます。

1.

①[スライドショー] タブの [最初から] ボタンをクリックします。

2.

①1枚目のスライドがスライドショーで表示されている状態で、右クリックしてショートカットメニューの[発表者ツールを表示]をクリックします。

②発表者ビューが表示され、画面左側に現在のスライド、画面右側に次のスライドと現在のスライドのノートが表示されているのを確認します。

3.

①発表者ビューで、画面左側の現在のスライドの下にある [すべてのスライドを表示します] をクリックします。

②すべてのスライドが表示されるので、4枚目のスライドをクリックします。

③発表者ビューで、4枚目のスライドが現在のスライドとして画面左側に表示されているのを確認します。

4.

①発表者ビューで、画面左側の現在のスライドの下にある [スライドを拡大します] をクリックします。

②拡大する範囲を指定する四角形（白く明るい部分）が表示されるので、マウスボタンを押さずにマウスポインターを注意事項の部分に移動して、クリックします。

③発表者ビューで、4枚目のスライドの注意事項の部分が拡大されたのを確認します。

5.

①発表者ビューで、画面左側の現在のスライドの下にある [スライドショーをカットアウト/カットイン（ブラック）します] をクリックします。

②スライドショーが一時的に消えて、画面が黒くなっているのを確認します。

③発表者ビューで、画面左側の現在のスライドの下にある [スライドショーをカットアウト/カットイン（ブラック）します] をクリックして元に戻します。

6.

①発表者ビューの下部にある [スライド 4/4] の左側にある [前のアニメーションまたはスライドに戻る] をクリックします。

②3枚目のスライドに切り替わったのを確認します。

7.

①発表者ビューで、画面左側の現在のスライドの下にある [その他のスライドショーオプション] をクリックし、[発表者ツールを非表示]をクリックします。

②通常のスライドショーに戻ったのを確認します。

8.

①マウスの左ボタン、↓キー、→キー、Enterキー、スペースキーなどの次のスライドに移るキーを押して、スライドショーを最後まで進めます。

②画面が黒くなり、[スライドショーの最後です。クリックすると終了します。] と表示されるので、さらに次へ進めます。

③スライドショーが終了したのを確認します。

基礎問題 32　ノート（シュレッダーのご提案）

ファイル「シュレッダーのご提案」を開きます。

1.

①[表示] タブの [ノート] ボタンをクリックします。

②実習用データのテキストファイル「ノート記入用」をダブルクリックして開きます。

③1～4枚目のノート用に用意されている文章をCtrl＋Cキーを押してコピーし、1～4枚目の各スライドのノートペインにCtrl＋Vキーを押して貼り付けます。

④[表示] タブの [標準] ボタンをクリックして、標準表示モードに戻します。

2.

①[スライドショー] タブの [リハーサル] ボタンをクリックします。

②任意のタイミングでクリックしながらスライド
ショーを最後まで実行します。

③「スライドショーの所要時間は××です。今回のタ
イミングを保存しますか?」とメッセージが表示
されるので、**[はい]** をクリックします。

3.

①**[スライドショー]** タブの **[スライドショー
の設定]** ボタンをクリックします。

②**[スライドショーの設定]** ダイアログボックスの **[ス
ライドの切り替え]** の **[クリック時]** をクリック
して、**[OK]** をクリックします。

基礎問題 33 配布資料(セミナー教材)

ファイル「セミナー教材」を開きます。

1.

①**[ファイル]** タブをクリックし、**[印刷]** をクリッ
クします。

②**[プリンター]** の▼をクリックして、任意のプリン
ターを指定します。

③**[設定]** の **[フルページサイズのスライド]** の▼を
クリックし、**[印刷レイアウト]** の **[ノート]** をク
リックして、 **[印刷]** をクリックします。

2.

①**[ファイル]** タブをクリックし、**[印刷]** をクリッ
クします。

②**[プリンター]** の▼をクリックして、任意のプリン
ターを指定します。

③**[設定]** の **[ノート]** の▼をクリックし、**[配布資
料]** の **[3スライド]** をクリックして、 **[印刷]**
をクリックします。

3.

①**[ファイル]** タブをクリックし、**[印刷]** をクリッ
クします。

②**[プリンター]** の▼をクリックして、任意のプリン
ターを指定します。

③**[設定]** の **[3スライド]** の▼をクリックし、**[印
刷レイアウト]** の **[アウトライン]** をクリックして、
[印刷] をクリックします。

4.

①**[ファイル]** タブをクリックし、**[印刷]** をクリッ
クします。

②**[プリンター]** の▼をクリックして、任意のプリン
ターを指定します。

③**[設定]** の **[アウトライン]** の▼をクリックし、**[印
刷レイアウト]** の **[フルページサイズのスライド]**
をクリックして、 **[印刷]** をクリックします。

基礎問題 34 目的別プレゼン(下期営業目標説明会)

ファイル「下期営業目標説明会」を開きます。

1.

①**[スライドショー]** タブの **[目的別スライド
ショー]** ボタンをクリックし、**[目的別スライド
ショー]** をクリックします。

②**[目的別スライドショー]** ダイアログボックスの **[新
規作成]** をクリックします。

③**[目的別スライドショーの定義]** ダイアログボック
スの **[スライドショーの名前]** ボックスに「営業
部員向け説明会」と入力します。

④**[プレゼンテーション中のスライド]** ボックスの
[1.下期営業目標説明会]、[2.上期概況 ①売上高]、
[3.上期概況 ②分野別業界シェア]、[4. 営業部員
各位　下期重点目標]のチェックボックスをオン
にします。

⑤**[追加]** をクリックします。

⑥**[目的別スライドショーのスライド]** ボックスに
スライドが4枚表示されたことを確認して、**[OK]**
をクリックします。

2.

①**[目的別スライドショー]** ダイアログボックスの **[新
規作成]** をクリックします。

②**[目的別スライドショーの定義]** ダイアログボック
スの **[スライドショーの名前]** ボックスに「営業
部長向け説明会」と入力します。

③**[プレゼンテーション中のスライド]** ボックスの
[1.下期営業目標説明会]、[2.上期概況 ①売上高]、
[3.上期概況 ②分野別業界シェア] [5.営業部長各
位　下期重点目標]のチェックボックスをオンに
します。

④**[追加]** をクリックします。

⑤同様の操作で、**[プレゼンテーション中のスライド]**
ボックスの [4. 営業部員各位　下期重点目標] の
チェックボックスをオンにして、**[追加]** をクリッ
クします。

⑥**[目的別スライドショーのスライド]** ボックスに
スライドが5枚表示されたことを確認して、**[OK]**

をクリックします。

3.

①[**目的別スライドショー**]ダイアログボックスの[**新規作成**]をクリックします。

②[**目的別スライドショーの定義**]ダイアログボックスの[**スライドショーの名前**]ボックスに「役員向け説明会」と入力します。

③[**プレゼンテーション中のスライド**]ボックスの［1.下期営業目標説明会］［6.下期重点目標と部門分配］のチェックボックスをオンにします。

④[**追加**]をクリックします。

⑤[**プレゼンテーション中のスライド**]ボックスの［2.上期概況 ①売上高］、［3.上期概況 ②分野別業界シェア］のチェックボックスをオンにして、[**追加**]をクリックします。

⑥[**目的別スライドショーのスライド**]ボックスにスライドが4枚表示されたことを確認して、[**OK**]をクリックします。

⑦[**目的別スライドショー**]ダイアログボックスの[**閉じる**]をクリックします。

基礎問題 **35** 掲示（観光旅行の案内）

テーマ「縞模様」でプレゼンテーションを新規作成します。

1.

①[**デザイン**]タブの[**バリエーション**]の ▼ [**その他**]（または[**クイックスタイル**]）ボタンをクリックし、[**配色**]をポイントして[**ペーパー**]をクリックします。

2.

①[**ホーム**]タブの レイアウト [**レイアウト**]ボタンをクリックして、[**白紙**]をクリックします。

3.

①[**挿入**]タブの テキストボックス [**テキストボックス**]ボタンをクリックします。

②マウスポインターが ↓ になるので、完成例を参考にスライドの上部をクリックして「中洲めぐり・博多特集」と入力します。

③テキストボックスの外枠をクリックし、[**ホーム**]タブの MS Pゴシック ▼ [**フォント**]ボックスの▼をクリックして、[**HGP創英プレゼンスEB**]をクリックします。

④[**ホーム**]タブの 18 ▼ [**フォントサイズ**]ボックスの▼をクリックして、[**60**]をクリックします。

4.

①[**挿入**]タブの 図形 [**図形**]ボタンをクリックして、[**四角形**]の □ [**四角形:角を丸くする**]をクリックします。

②マウスポインターが＋になるので、完成例を参考に角丸四角形を描きます。

③[**ホーム**]タブの 図形の効果 ▼ [**図形の効果**]ボタンをクリックして、[**標準スタイル**]をポイントして[**標準スタイル**]の[**標準スタイル2**]（1行目、左から2番目）をクリックします。

5.

①完成例を参考に、角丸四角形に文字列を入力します。

②角丸四角形の外枠をクリックし、[**ホーム**]タブの MS Pゴシック ▼ [**フォント**]ボックスの▼をクリックして、[**HGP創英角ゴシックUB**]をクリックします。

③[**ホーム**]タブの 18 ▼ [**フォントサイズ**]ボックスの▼をクリックして、[**36**]をクリックします。

④[**ホーム**]タブの S [**文字の影**]ボタンをクリックします。

6.

①[**挿入**]タブの 画像 [**画像**]ボタンをクリックし、[**画像の挿入元**]の[**このデバイス...**]をクリックします。

②[**図の挿入**]ダイアログボックスで実習用データの画像ファイル「博多」をクリックして、[**挿入**]をクリックします。

③完成例を参考に、挿入した画像をドラッグして配置します。

④必要に応じて、画像の四隅のいずれかの ○ ハンドルをドラッグして大きさを調整します。

⑤画像をクリックして、[**図の形式**]タブの[**図のスタイル**]の ▼ [**その他**]（または[**クイックスタイル**]）ボタンをクリックして、[**四角形、背景の影付き**]（上から2行目、右から2番目）をクリックします。

7.

①角丸四角形をクリックします。

②[**アニメーション**]タブの[**アニメーションの追加**]ボタンをクリックし、[**強調**]の[**パルス**]をクリッ

クします。

8.

①1枚目のスライドをクリックします。

②[ホーム] タブの [コピー] ボタンをクリックします。

③[ホーム]タブの [貼り付け]ボタンを3回クリックします。

9.

①完成例を参考に、2〜4枚目のスライドのタイトル（一番上のテキストボックスの文字列）を修正します。

②2枚目のスライドの画像をクリックしてDeleteキーを押します。

③手順②と同様の操作で、3〜4枚目のスライドの画像もすべて削除します。

10.

①2枚目のスライドをクリックし、**6**と同様の操作で、画像ファイル「沖縄」を貼り付けて位置と大きさを調整し、スタイルを設定します。

②3枚目のスライドをクリックし、**6**と同様の操作で、画像ファイル「上海-1」、「上海-2」の順番で貼り付けて位置と大きさを調整し、スタイルを設定します。

③4枚目のスライドをクリックし、**6**と同様の操作で、画像ファイル「西欧」を貼り付けて位置と大きさを調整し、スタイルを設定します。

11.

①完成例を参考に、3〜4枚目のスライドの角丸四角形の文字列を修正します。

12.

①3枚目のスライドをクリックします。

②角丸四角形をクリックし、[ホーム] タブの [図形の塗りつぶし] ボタンをクリックして、[テーマの色] の [ゴールド、アクセント3]（1行目、右から4番目）をクリックします。

③手順②と同様の操作で、4枚目のスライドの角丸四角形の塗りつぶしの色を [ゴールド、アクセント3] にします。

13.

①[画面切り替え] タブの [画面切り替え] の [その他]（または [切り替え効果]）ボタンをクリッ

クし、[弱] の [ワイプ] をクリックします。

②[画面切り替え] タブの [効果のオプション] ボタンをクリックし、[左から] をクリックします。

③[画面切り替え] タブの [すべてに適用] ボタンをクリックします。

14.

①[スライドショー] タブの [リハーサル] ボタンをクリックします。

②1枚目のスライドが表示されたら、約5秒後にマウスを1回クリックしてアニメーションを実行し、約10秒後もう1回クリックして2枚目のスライドを表示します。

③手順②と同様の操作で、3枚目のスライドを表示します。

④手順②と同様の操作で、4枚目のスライドを表示します。

⑤手順②と同様の操作を行うと、「スライドショーの所要時間は××です。今回のタイミングを保存しますか？」と表示されるので、[はい] をクリックします。

15.

①[スライドショー] タブの [スライドショーの設定] ボタンをクリックします。

②[スライドショーの設定]ダイアログボックスの[種類] の [自動プレゼンテーション（フルスクリーン表示)]をクリックして、[OK]をクリックします。

応用問題 36 リンク（情報機器社外持ち出し）

1. ファイル「情報機器社外持ち出し」を開きます。

2. 2枚目のスライドを編集します。

①2枚目のスライドをクリックします。

②「NotePC」と表示された四角形をクリックして、[挿入] タブの [動作] ボタンをクリックします。

③[オブジェクトの動作設定] ダイアログボックスの [マウスのクリック] タブの [ハイパーリンク] をクリックします。

④下のボックスの▼をクリックして、[スライド...] をクリックします。

⑤[スライドへのハイパーリンク] ダイアログボックスの [スライドタイトル] ボックスの [4.会社指定のセキュリティ対策済PCですか？] をクリックして、[OK] をクリックします。

⑥[オブジェクトの動作設定] ダイアログボックスの

［OK］をクリックします。

⑦手順②～⑥と同様の操作で、「USBメモリ」と表示された四角形のハイパーリンク先を「3.暗号化・パスワード設定していますか?」に設定します。

⑧手順②～⑥と同様の操作で、「その他」と表示された四角形のハイパーリンク先を「8.NG持ち出しできません」に設定します。

3. 3～4枚目のスライドを編集します。

①3枚目のスライドをクリックします。

②「YES」と表示された四角形をクリックして、**［挿入］**タブの ★ **［動作］**ボタンをクリックします。

③**［オブジェクトの動作設定］**ダイアログボックスの**［マウスのクリック］**タブの**［ハイパーリンク］**をクリックします。

④下のボックスの▼をクリックして、**［スライド…]**をクリックします。

⑤**［スライドへのハイパーリンク］**ダイアログボックスの**［スライドタイトル］**ボックスの［5.お客様に関わる情報や個人情報がありますか?］をクリックして、**［OK］**をクリックします。

⑥**［オブジェクトの動作設定］**ダイアログボックスの**［OK］**をクリックします。

⑦手順②～⑥と同様の操作で、「NO」と表示された四角形のハイパーリンク先を「8.NG持ち出しできません」に設定します。

⑧2つの四角形を囲むようにドラッグし、**［ホーム］**タブの **［コピー］**ボタンをクリックします。

⑨4枚目のスライドをクリックして、**［ホーム］**タブの **［貼り付け］**ボタンをクリックします。

4. 5枚目のスライドを編集します。

①5枚目のスライドをクリックし、**3**の手順②～⑥と同様の操作で、「Yes」の四角形に「6.重要情報持ち出し時のセキュリティ対策をしましたか?」を、「NO」の四角形に「7.OK持ち出しできます」をハイパーリンク先として設定します。

5. 6枚目のスライドを編集します。

①6枚目のスライドをクリックし、**3**の手順②～⑥と同様の操作で、「Yes」の四角形に「7.OK持ち出しできます」を、「NO」の四角形に「8.NG持ち出しできません」をハイパーリンク先として設定します。

6. 7～8枚目のスライドを編集します。

①7枚目のスライドをクリックします。

②**［挿入］**タブの ◯ **［図形］**ボタンをクリックして、**［動作設定ボタン］**の ◁◁ **［動作設定ボタン：最初に移動］**をクリックします。

③マウスポインターが＋になるので、完成例を参考にスライドの下部でドラッグして動作設定ボタンを描きます。

④**［オブジェクトの動作設定］**ダイアログボックスの**［マウスのクリック］**タブの**［ハイパーリンク］**が選択された状態になり、下のボックスが**［最初のスライド］**と表示されていることを確認して、**［OK］**をクリックします。

⑤動作設定ボタンが選択された状態で、**［ホーム］**タブの **［コピー］**ボタンをクリックします。

⑥8枚目のスライドをクリックして、**［ホーム］**タブの **［貼り付け］**ボタンをクリックします。

⑦7枚目のスライドをクリックして、**［挿入］**タブの**［ズーム］**ボタンをクリックして**［スライドズーム］**をクリックします。

⑧**［スライドズームの挿入］**ダイアログボックスの「9.スライド9」「10.スライド10」をチェックして**［挿入］**ボタンをクリックします。

⑨9枚目と10枚目のスライドの画像が挿入されるので、完成例を参考に位置を移動します。

7. 9～10枚目のスライドを編集します。

①9枚目のスライドをクリックします。

②**［挿入］**タブの**［図形］**ボタンをクリックして、**［動作設定ボタン］**の**［動作設定ボタン：戻る/前へ］**をクリックします。

③マウスポインターが＋になるので、完成例を参考にスライドの下部でドラッグして動作設定ボタンを描きます。

④**［オブジェクトの動作設定］**ダイアログボックスの**［マウスのクリック］**タブの**［ハイパーリンク］**の下のボックスの▼をクリックして、**［スライド…]**をクリックします。

⑤**［スライドへのハイパーリンク］**ダイアログボックスの**［スライドタイトル］**ボックスの**［7.OK持ち出しできます］**をクリックして**［OK］**をクリックします。

⑥**［オブジェクトの動作設定］**ダイアログボックスの**［OK］**をクリックします。

⑦動作設定ボタンが選択された状態で、**［ホーム］**タブの**［コピー］**ボタンをクリックします。

⑧10枚目のスライドをクリックして、**［ホーム］**タブの**［貼り付け］**ボタンをクリックします。

8. 画面切り替えのタイミングを設定します。

①[表示]タブの 🔳[スライド一覧]ボタンをクリックします。

②2枚目のスライドをクリックし、8枚目のスライドをShiftキーを押しながらクリックします。

③[画面切り替え]タブの[クリック時]チェックボックスをオフにします。

④10枚目のスライドをクリックして、[画面切り替え]タブの[クリック時]チェックボックスをオフにします。

9. 名前を付けてスライドショー形式で保存します。

①[ファイル]タブをクリックし、[名前を付けて保存]をクリックして[参照]をクリックします。

②[名前を付けて保存]ダイアログボックスの[ファイルの種類]ボックスの▼をクリックし、[PowerPointスライドショー]をクリックして、[ファイル名]ボックスに「問題36-2P」と入力して、[保存]をクリックします。

応用問題 37 目的別プレゼン（入居手続き案内会）

1. ファイル「入居手続き案内会」を開きます。

2. 目的別スライドショーを設定します。

①[スライドショー]タブの 🔳[目的別スライドショー]ボタンをクリックし、[目的別スライドショー]をクリックします。

②[目的別スライドショー]ダイアログボックスの[新規作成]をクリックします。

③[目的別スライドショーの定義]ダイアログボックスの[スライドショーの名前]ボックスに「融資不要の方向け説明会」と入力します。

④[プレゼンテーション中のスライド]ボックスの1、2、3、4、7、10、11枚目のスライドのチェックボックスをオンにします。

⑤[追加]をクリックします。

⑥[目的別スライドショーのスライド]ボックスにスライドが7枚表示されたことを確認して、[OK]をクリックします。

⑦[目的別スライドショー]ダイアログボックスの[新規作成]をクリックします。

⑧[目的別スライドショーの定義]ダイアログボックスの[スライドショーの名前]ボックスに「提携ローン利用の方向け説明会」と入力します。

⑨[プレゼンテーション中のスライド]ボックスの1、2、3、5、8、10、11枚目のスライドのチェックボックスをオンにします。

⑩[追加]をクリックします。

⑪[目的別スライドショーのスライド]ボックスにスライドが7枚表示されたことを確認して、[OK]をクリックします。

⑫[目的別スライドショー]ダイアログボックスの[新規作成]をクリックします。

⑬[目的別スライドショーの定義]ダイアログボックスの[スライドショーの名前]ボックスに「提携外ローン利用の方向け説明会」と入力します。

⑭[プレゼンテーション中のスライド]ボックスの1、2、3、6、9、10、11枚目のスライドのチェックボックスをオンにします。

⑮[追加]をクリックします。

⑯[目的別スライドショーのスライド]ボックスにスライドが7枚表示されたことを確認して、[OK]をクリックします。

⑰[目的別スライドショー]ダイアログボックスの[閉じる]をクリックします。

3. 画面切り替えを設定します。

①[画面切り替え]タブの[画面切り替え]の ▼[その他]（または[切り替え効果]）ボタンをクリックして、[はなやか]の[キューブ]をクリックします。

②[画面切り替え]タブの 🔳すべてに適用[すべてに適用]ボタンをクリックします。

4. 3枚目のスライドを編集します。

①3枚目のスライドをクリックします。

②3つの右矢印ホームベースと「終了　お疲れ様でした」と入力されたテキストボックスを囲むようにドラッグし、[アニメーション]タブの[アニメーションの追加]ボタンをクリックして、[開始]の[ワイプ]をクリックします。

③[アニメーション]タブの 🔳[効果のオプション]ボタンをクリックして、[方向]の[左から]をクリックします。

④[アニメーション]タブの ▶ 開始：クリック時 ▾ [開始]ボックスの▼をクリックして、[クリック時]をクリックします。

⑤[アニメーション]タブの 🔳アニメーション ウィンドウ[アニメーションウィンドウ]ボタンをクリックします。

⑥「全体説明会…」と書いてある右方向ホームベースが最初に表示されるように、[アニメーションウィンドウ]作業ウィンドウの該当するアニメーションの設定をドラッグして、1番上に移動します。

⑦手順⑥と同様の操作で、「個別ご相談コーナー」に該当するアニメーションの設定を上から2番目に、「インテリアオプション…」に該当するアニメーションの設定を上から3番目に移動します。

⑧[アニメーションウィンドウ] 作業ウィンドウの ✕ 閉じるボタンをクリックします。

⑨[アニメーション] タブの ★ プレビュー [プレビュー] ボタンをクリックして、左から順番に右矢印ホームベースが表示され、最後にテキストボックスが表示されるのを確認します。

5. 11枚目のスライドを編集します。

①11枚目のスライドをクリックします。

②スライド下部にある「ご相談コーナーの〜担当営業がお待ちしております。」のテキストボックスの外枠をクリックし、[アニメーション] タブの [アニメーションの追加] ボタンをクリックして、[開始] の [ズーム] をクリックします。

応用問題 38 自動プレゼン（店舗フロア案内）

1. ファイル「フロア案内」を開きます。

2. 1枚目のスライドを編集します。

①3つの円を囲むようにドラッグし、下方向へドラッグして位置を下寄りに移動します。

②[挿入] タブの ⬜ テキストボックス [テキストボックス] ボタンをクリックします。

③任意の位置をクリックして、「説明をご覧になりたいフロアを」と入力し、Enterキーを押して「クリックしてください」と入力します。

④テキストボックスの外枠をクリックし、[ホーム] タブの 18 ▼ [フォントサイズ] ボックスの▼をクリックして、[36] をクリックします。

⑤完成例を参考に、テキストボックスをドラッグして位置を調整します。

⑥[ホーム] タブの [太字] ボタンをクリックします。

⑦左端の円をクリックし、[挿入] タブの ★ 動作 [動作] ボタンをクリックします。

⑧[オブジェクトの動作設定] ダイアログボックスの [マウスのクリック] タブの [ハイパーリンク] をクリックします。

⑨下のボックスの▼をクリックして、[スライド...] をクリックします。

⑩[スライドへのハイパーリンク] ダイアログボックスの [スライドタイトル] ボックスの [2. 1F 文房具・雑貨] をクリックして、[OK] をクリッ

クします。

⑪[オブジェクトの動作設定] ダイアログボックスの [OK] をクリックします。

⑫手順⑦〜⑪と同様の操作で、中央の円のハイパーリンク先を「3. 2F　キッチン用具」、右の円のハイパーリンク先を「4. 3F　家具」に設定します。

3. 2〜4枚目のスライドを編集します。

①2枚目のスライドをクリックします。

②[挿入] タブの ⬡ 図形 [図形] ボタンをクリックして、[動作設定ボタン] の ◁ [動作設定ボタン：最初に移動] をクリックし、完成例を参考にスライドの右下に動作設定ボタンを描きます。

③[オブジェクトの動作設定] ダイアログボックスの [マウスのクリック] タブの [ハイパーリンク] が選択された状態になり、下のボックスが [最初のスライド] と表示されていることを確認して、[OK] をクリックします。

④動作設定ボタンが選択された状態で、[ホーム] タブの ⬚ [コピー] ボタンをクリックします。

⑤3枚目のスライドをクリックして、[ホーム] タブの ⬚ [貼り付け] ボタンをクリックします。

⑥4枚目のスライドをクリックして、[ホーム] タブの ⬚ [貼り付け] ボタンをクリックします。

4. 画面切り替えのタイミングを設定します。

①[画面切り替え] タブの [クリック時] チェックボックスをオフにします。

②[画面切り替え] タブの ⬚ すべてに適用 [すべてに適用] ボタンをクリックします。

応用問題 39 スライドショー（新商品説明会）

1. テーマ「ファセット」で新規プレゼンテーションを作成します。

2. スライドマスターを編集します。

①[表示] タブの ⬚ スライドマスター [スライドマスター] ボタンをクリックします。

②画面左側の一覧で [スライドマスター]（一番上）をクリックします。

③「マスタータイトルの書式設定」と表示されているプレースホルダーの下部中央の ○ ハンドルをドラッグして高さを縮小します。

④「マスターテキストの書式設定」と表示されているプレースホルダーの上部中央の ○ ハンドルをドラッグして高さを拡張します。

⑤[挿入]タブの[図形]ボタンをクリックして、[四角形]の[正方形/長方形]をクリックし、完成例を参考にスライドの右上に四角形を描きます。

⑥四角形に「社外秘」と入力し、Enterキーを押して「取扱注意」と入力します。

⑦四角形の外枠をクリックし、[ホーム]タブの[クイックスタイル]ボタンをクリックして、[テーマスタイル]の[枠線−淡色1、塗りつぶし−赤、アクセント5]（上から3行目、右から2番目）をクリックします。

⑧[ホーム]タブの[コピー]ボタンをクリックします。

⑨画面左側の一覧で[タイトルスライド]レイアウト（上から2番目）をクリックします。

⑩[ホーム]タブの[貼り付け]ボタンをクリックします。

⑪「マスタータイトルの書式設定」と表示されているプレースホルダーと、「サブタイトルの書式設定」と表示されているプレースホルダーを囲むようにドラッグし、いずれかのプレースホルダーの右中央および左中央の○ハンドルをドラッグし、完成例を参考に幅を拡張します。

⑫[ホーム]タブの[中央揃え]ボタンをクリックします。

⑬[スライドマスター]タブの[マスター表示を閉じる]ボタンをクリックします。

3. スライドを2枚追加します。

①[ホーム]タブの[新しいスライド]ボタンを2回クリックします。

4. 1枚目のスライドを作成します。

①1枚目のスライドをクリックします。

②タイトルに「「さわやか茶」説明会」と入力します。

③サブタイトルに「いろは飲料株式会社　販売促進部」と入力します。

5. 2枚目のスライドを作成します。

①2枚目のスライドをクリックします。

②完成例を参考に、タイトルを入力します。

③コンテンツプレースホルダーの[SmartArtグラフィックの挿入]をクリックします。

④[SmartArtグラフィックの選択]ダイアログボックスの左側のボックスで[マトリックス]をクリックし、中央のボックスで[基本マトリックス]をクリックして、[OK]をクリックします。

⑤問題文を参考に、長方形に「さわやか茶」の4つ

の特長を入力します。

自動改行の位置が不適切な場合は、必要に応じてEnterキーを押して段落改行するか、Shift+Enterキーを押して改行します。

⑥SmartArtの外枠をクリックし、[SmartArtのデザイン]タブの[SmartArtのスタイル]の[その他]（または[クイックスタイル]）ボタンをクリックし、[ドキュメントに最適なスタイル]の[グラデーション]（右から2番目）をクリックします。

⑦[アニメーション]タブの[アニメーションの追加]ボタンをクリックし、[開始]の[フロートイン]をクリックします。

⑧[アニメーション]タブの[効果のオプション]ボタンをクリックして、[連続]の[個別]をクリックします。

6. 3枚目のスライドを作成します。

①3枚目のスライドをクリックします。

②完成例を参考に、タイトルを入力します。

③コンテンツプレースホルダーの[SmartArtグラフィックの挿入]をクリックします。

④[SmartArtグラフィックの選択]ダイアログボックスの左側のボックスで[手順]をクリックし、中央のボックスで[矢印と長方形のプロセス]をクリックして、[OK]をクリックします。

⑤[SmartArtのデザイン]タブの[図形の追加]ボタンを3回押して、長方形を3つ追加して6つにします。

⑥SmartArtの外枠をクリックして、右中央の○ハンドルをドラッグして幅を拡張します。

⑦問題文を参考に、長方形に市場導入スケジュールを入力します。

自動改行の位置が不適切な場合は、必要に応じてEnterキーを押して段落改行するか、Shift+Enterキーを押して改行します。

⑧SmartArtの外枠をクリックし、[SmartArtのデザイン]タブの[SmartArtのスタイル]の[その他]（または[クイックスタイル]）ボタンをクリックし、[ドキュメントに最適なスタイル]の[グラデーション]（右から2番目）をクリックします。

⑨[アニメーション]タブの[アニメーションの追加]ボタンをクリックし、[開始]の[フェード]をクリックします。

⑩[アニメーション]タブの[効果のオプション]ボタンをクリックして、[連続]の[個別]をクリッ

クします。

⑪ [挿入] タブの [図形] ボタンをクリックして、[基本図形] の △ [二等辺三角形] をクリックし、任意の位置に二等辺三角形を描きます。

⑫ [ホーム] タブの [配置] ボタンをクリックして、[オブジェクトの位置] の [回転] をポイントして [上下反転] をクリックします。

⑬ [ホーム] タブの [クイックスタイル] ボタンをクリックして、[テーマスタイル] の [グラデーション－赤、アクセント5]（上から5行目、左から6番目）をクリックします。

⑭ 完成例を参考に、二等辺三角形をドラッグして位置を調整します。

⑮ [挿入] タブの [テキストボックス] ボタンをクリックして、完成例を参考に二等辺三角形の上をクリックして「本日〜」と入力します。

⑯ テキストボックスの外枠をクリックし、[ホーム] タブの 18 [フォントサイズ] ボックスの▼をクリックして、[28] をクリックします。

⑰ 手順⑮〜⑯と同様の操作で、「4/1」、「4/10」と入力して、完成例を参考に配置します。

⑱ 二等辺三角形と3つのテキストボックスを囲むようにドラッグし、[アニメーション] タブの [アニメーションの追加] ボタンをクリックして、[開始] の [フェード] をクリックします。

⑲ [アニメーション] タブの ▶ 開始: クリック時 [開始] ボックスの▼をクリックして、[直前の動作と同時] をクリックします。

⑳ [アニメーション] タブの アニメーション ウィンドウ [アニメーションウィンドウ] ボタンをクリックします。

㉑ [アニメーションウィンドウ] 作業ウィンドウの [1 コンテンツプレースホルダー…] と表示されているアニメーションの [内容を拡大] をクリックします。

㉒ [アニメーションウィンドウ] 作業ウィンドウの [二等辺三角形4] をドラッグして、[2 コンテンツプレースホルダー…] と [3 コンテンツプレースホルダー…] の間まで移動します。

㉓ 手順㉒と同様の操作で、[テキストボックス5…] を [二等辺三角形4] のすぐあと、[テキストボックス6…] を [4 コンテンツプレースホルダー…] と [5 コンテンツプレースホルダー…] の間、[テキストボックス7…] を [6 コンテンツプレースホルダー…] と [7 コンテンツプレースホルダー…] の間まで移動します。

㉔ [アニメーションウィンドウ] 作業ウィンドウの × 閉じるボタンをクリックします。

7. 名前を付けて保存します。

8. 名前を付けてスライドショー形式で保存します。

① [ファイル] タブをクリックし、[名前を付けて保存] をクリックして [参照] をクリックします。

② 任意の保存場所を指定し、[名前を付けて保存] ダイアログボックスの [ファイルの種類] ボックスの▼をクリックして、[PowerPointスライドショー] をクリックします。

③ [ツール] をクリックして、[全般オプション] をクリックします。

④ [全般オプション] ダイアログボックスの [読み取りパスワード] ボックスに「iroha123」と入力し、[書き込みパスワード] ボックスに「hansoku」と入力して、[OK] をクリックします。

⑤ [パスワードの確認] ダイアログボックスに「読み取りパスワードをもう一度入力してください」と表示されるので、「iroha123」と入力して [OK] をクリックします。

⑥ [パスワードの確認] ダイアログボックスに「書き込みパスワードをもう一度入力してください」と表示されるので、「hansoku」と入力して [OK] をクリックします。

⑦ [名前を付けて保存] ダイアログボックスの [ファイル名] ボックスに「問題39-2P」と入力して、[保存] をクリックします。

応用問題 40 プレゼンパック（感染症予防）

1. ファイル「感染症予防対策」を開きます。

2. 4枚目のスライドを編集します。

① 4枚目のスライドをクリックします。

② [挿入] タブの [図形] ボタンをクリックして、[動作設定ボタン] の [動作設定ボタン：情報の取得] をクリックし、完成例を参考にスライドの右下に動作設定ボタンを描きます。

③ [オブジェクトの動作設定] ダイアログボックスの [マウスのクリック] タブの [ハイパーリンク] をクリックして、下のボックスの▼をクリックして [その他のPowerPointプレゼンテーション] をクリックします。

④ [その他のPowerPointプレゼンテーションへのハイパーリンク] ダイアログボックスで実習用データのファイル「商品紹介」をクリックして、[OK] をクリックします。

⑤ [スライドへのハイパーリンク] ダイアログボック

スの**[スライドタイトル]**ボックスの［2．加湿器］をクリックして、**[OK]**をクリックします。

⑥**[オブジェクトの動作設定]**ダイアログボックスの**[OK]**をクリックします。

3. 6枚目のスライドを編集します。

①4枚目のスライドの動作設定ボタンをクリックして、**[ホーム]**タブの **[コピー]**ボタンをクリックします。

②6枚目のスライドをクリックして、**[ホーム]**タブの **[貼り付け]**ボタンをクリックします。

③**[挿入]**タブの **[動作]**ボタンをクリックします。

④**[オブジェクトの動作設定]**ダイアログボックスの**[マウスのクリック]**タブの**[ハイパーリンク]**をクリックして、下のボックスの▼をクリックして**[その他のPowerPointプレゼンテーション]**をクリックします。

⑤**[その他のPowerPointプレゼンテーションへのハイパーリンク]**で実習用データのファイル「商品紹介」をクリックして、**[OK]**をクリックします。

⑥**[スライドへのハイパーリンク]**ダイアログボックスの**[スライドタイトル]**ボックスの［3．マスク］をクリックして、**[OK]**をクリックします。

⑦**[オブジェクトの動作設定]**ダイアログボックスの**[OK]**をクリックします。

> その他のPowerPointプレゼンテーションへのハイパーリンクは、PC環境が変わるとリンク先も変わるため、問題40_完成例では設定を行っていません。他のPC環境に持っていっても正常に動作するようにしたい場合は、**5**の操作のプレゼンテーションパック機能を使用します。

4. 名前を付けて保存します。

5. 名前を付けてプレゼンテーションパックとして保存します。

①**[ファイル]**タブをクリックし、**[エクスポート]**をクリックします。

②**[プレゼンテーションパック]**をクリックして、 **[プレゼンテーションパック]**をクリックします。

③**[プレゼンテーションパック]**ダイアログボックスの**[CD名]**ボックスに「問題40-2P」と入力して、**[フォルダーにコピー]**をクリックします。

④**[フォルダーにコピー]**ダイアログボックスの**[フォルダー名]**ボックスでフォルダー名を確認して、**[参照]**をクリックします。

⑤**[保存先の選択]**ダイアログボックスで任意の保存場所を指定して、**[選択]**をクリックします。

⑥**[フォルダーにコピー]**ダイアログボックスの**[OK]**をクリックします。

⑦「リンクされているファイルをパックに含めますか？」というメッセージが表示されたら、**[はい]**をクリックします。

⑧**[プレゼンテーションパック]**ダイアログボックスの**[閉じる]**をクリックします。

●著者紹介

山﨑　紅（やまざき あかし）

人材開発コンサルタント
富士ゼロックス株式会社（現 富士フイルムビジネスイノベーション株式会社）にて、ドキュメントコンサルティングに従事後、営業本部ソリューション営業力強化チーム長として課題解決型営業育成、人事本部人材開発戦略グループ長として全社人材開発戦略立案・実行を担当。その後、変革マネジメント部にて全社改革プロジェクトリーダーとして、コミュニケーション改革、働き方改革に従事したのち独立。コミュニケーションと人材を切り口に企業改革を進めるコンサルタントとして活動中。官公庁、民間企業、大学など幅広く指導。
主な著書に「授業・セミナー・会議の効果を上げるオンラインコミュニケーション講座」「持続可能な私たちの未来を考えるSDGsワークブック」「情報利活用プレゼンテーション」「求められる人材になるための社会人基礎力講座（第2版）」「小学生からはじめる 考える力が身につく本－ロジカルシンキング－」がある。

成蹊大学 経営学部 客員教授
一般社団法人 社会人基礎力協議会 理事 研究委員会副委員長
一般社団法人 日本テレワーク協会 アドバイザー
経済産業省推進資格 ITコーディネータ
デジタル庁 デジタル推進委員
一般社団法人 日本経営協会認定 情報資産管理指導者
日本ホスピタリティ推進協会認定 ホスピタリティ・コーディネータ

■本書についての最新情報、訂正、重要なお知らせについては下記Webページを開き、書名もしくはISBNで検索してください。ISBNで検索する際は-（ハイフン）を抜いて入力してください。

　　　https://bookplus.nikkei.com/catalog/

■本書に掲載した内容についてのお問い合わせは、下記Webページのお問い合わせフォームからお送りください。電話およびファクシミリによるご質問には一切応じておりません。なお、本書の範囲を超えるご質問にはお答えできませんので、あらかじめご了承ください。ご質問の内容によっては、回答に日数を要する場合があります。

　　　https://nkbp.jp/booksQA

PowerPoint 2021ビジネス活用ドリル

2024年 2月19日　初版第1刷発行

著　　　　者：	山﨑 紅
発　行　者：	中川 ヒロミ
発　　　行：	株式会社日経BP
	〒105-8308　東京都港区虎ノ門4-3-12
発　　　売：	株式会社日経BPマーケティング
	〒105-8308　東京都港区虎ノ門4-3-12
装　　　丁：	折原カズヒロ
本文デザイン	
制　　　作：	持田 美保
印　　　刷：	大日本印刷株式会社

ISBN978-4-296-05060-4　　Printed in Japan